読める、話せる、理解できる

おっかけ
ハングル

チョ・ヒチョル

宝島社

こんにちは、チョ・ヒチョルです。これまで、韓国語を習う方のための"簡単"で"わかりやすい"をモットーとした韓国語学習本をつくってきました。しかし今回は、K-POPファンを中心としたエンタメ大好きな方のための"本当に使える""言いたくなる"韓国語の本をつくれないか？と考え、できたのがこの本です。

K-POPファンの方たちは、アイドルがキラキラと輝いている姿をいち早く見たい！という思いで現地に足しげく通っていると聞きます。そんな彼女たちが、音楽番組の事前収録(サノク)やサイン会などで実際に耳にする言葉をもっと理解できたなら…。今まで以上に現場が楽しくなるに違いありません。

韓国で友だちになった子から送られてきたSNSの言葉や、大好きなアイドルがつぶやいた言葉…。そんな、日本で辞書やネットで調べても意味がわからなかった言葉を理解して、もっと韓国のカルチャーを楽しんでください!!　この本は、すごく簡単ではありますが、それをお手伝いできる本だと思っています。

学習本にはあまり掲載されない、流行の言葉や略語、SNSなどで使用している特殊な造語など、今の若者が使っている言葉がここにはあります。この本を片手に、世界中に友だちをいっぱいつくって、楽しい毎日を送りましょう♪

チョ・ヒチョル

- 004 はじめに

第0章
ハングルを読んでみよう

第1章
誰もがつかえるド定番

- 016 ありがとう
- 018 こんにちは
- 019 はい
  - いいえ
- 020 うれしいです
- 021 わかりません
  - ごめんなさい
- 022 これください
- 024 同じものをください
  - 日本語のメニューありますか?
- 025 ごはん食べました?
  - お腹すいた〜
- 026 おいしい!
- 028 一緒に食べよう
  - お会計をお願いします
- 029 ちょっとまけてください
- 030 いくらですか?
- 032 おばさん、お姉さん
- 034 お願いします
  - どういたしまして
- 035 タクシーはどこで乗れますか?
- 036 コンサート会場へ行きたいんですが…
- 038 アーティストに聞く! How to ハングル❶
  B.A.P

第2章
番組観覧で楽しむ!

- 042 誰のファンですか?
- 044 何時から集合しますか?
- 045 どこにあります?
  - ここ空いています?
- 046 もう一度、言ってください
- 048 見つけた?
- 049 この荷物をちょっと見ていてください
  - トイレはどこですか?
- 050 今日も暑いです!
  - 今日は本当に寒すぎます!!
- 051 いつからファンですか?
- 052 誰が出演するの?
- 054 名前はなんですか?
- 056 友だちになろう!!
- 057 胸キュンだよ
  - コンサートに行きますか?
- 058 IDを教えてください
- 060 キツイね〜
  - ムカつく!!
- 061 お待たせ
  - 早く早く
- 062 またね
- 063 何番ですか?
- 064 私、1番!
- 066 アーティストに聞く! How to ハングル❷
  CROSS GENE

068 第 3 章

サイン会で思いを伝える

- 070 大ファンです
- 072 これからも応援します！
  絶対、コンサートに行きますね
- 073 日本にも来てください！
- 074 一緒に写真を撮っていいですか？
- 076 一緒にハートマークをつくってください
- 078 握手してください!!
  ハグしてください♥
- 079 壁ドンしてください
- 080 キャ〜！カッコイイ!!
- 082 カワイイ
- 084 セクシーだった
  がんばって！
- 085 会えてうれしいです
- 086 絶対だよ
  日本から来ました
- 087 これもらってください
  ずっと応援します
- 088 ヤバい!!
- 090 同い年だよ
  好きな言葉を教えてください
- 091 新曲を毎日聞いています
- 092 メンタル崩壊〜
- 094 アーティストに聞く！
  How to ハングル❸
  HALO
- 096 **COLUMN**
  韓国サイン会に行ってみたレポ

098 第4章

コンサートを堪能する

- 100 2枚ください
- 102 イケてるね〜
- 103 超クール!!
  イイね!
- 104 どこで買ったの?
- 106 別の色はありませんか?
- 107 サイズはどうしますか?
  どっちがいいですか?
- 108 みんなは歌いますか?
  この曲はなんですか?
- 109 やったー!!
- 110 惚れ直したよ
- 112 **COLUMN**
  韓国アーティストのハングル表記

114 第5章

SNSでつながる

- 116 www
- 118 ウン
  マジで!?
- 119 おつかれ
  おめでとう
- 120 ごめん
- 121 ノー
  オッケー
- 122 目の保養だね♡
  笑えるけど悲しいわ
- 123 スッピン自撮り写真を公開
- 124 サンキュー
- 126 イケてる男性
  もちろん…癒し系!!
- 127 大人気男性スター特集
- 128 彼氏欲しい?
  彼女いるのかな?
- 129 悪質コメント見ちゃった
  ディスらないでよ!
- 130 ネットで拾った画像だよ
- 131 明日は花金♪
  誕生パーティーに行きたい!
- 132 マンネのオタク
  ファンミに行きたい!!
- 133 明日ね〜バイバイ
- 134 **COLUMN**
  覚えておくと便利!
  SNSでよく見かける用語

- 136 カナ文字ハングル対照表
- 137 スマホでハングルを使ってみよう!!
- 138 日本語から調べてみよう 索引

第0章 ハングルを読んでみよう

ハングルって記号が並んでいるように
見えて区別がつかない…
なんて思っている人も多いのでは？
でも、実は子音と母音の組み合わせで
つくられているので、覚えれば簡単に
読むことができる魔法の文字なんです。
ここでは基本的なルールを簡単に紹介！

[ハングルのつくられ方]

韓国語はハングルで表される言語ですが、ハングルはローマ字のように、
子音＋母音の組み合わせで音を表現する文字です。

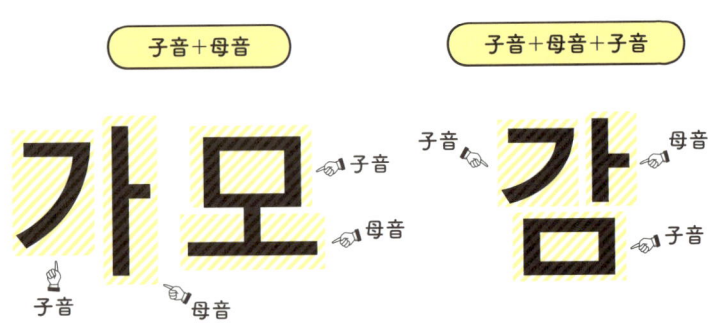

子音＋母音　　　子音＋母音＋子音

가 → 子音／母音
모 → 子音／母音
감 → 子音／母音／子音

[ハングルの読み方]

ハングルには、**10種類の基本母音と14種類の基本子音**があります。

基本母音

ㅏ	ㅑ	ㅓ	ㅕ	ㅗ	ㅛ	ㅜ	ㅠ	ㅡ	ㅣ
a	ya	ɔ	yɔ	o	yo	u	yu	ɯ	i

基本子音

ㄱ	ㄴ	ㄷ	ㄹ	ㅁ	ㅂ	ㅅ	ㅇ	ㅈ	ㅊ	ㅋ	ㅌ	ㅍ	ㅎ
k/g	n	t/d	r	m	p/b	s/ʃ		tʃ/dʒ	tʃʰ	kʰ	tʰ	pʰ	h

→ これらを組み合わせて、ローマ字のように読みます。

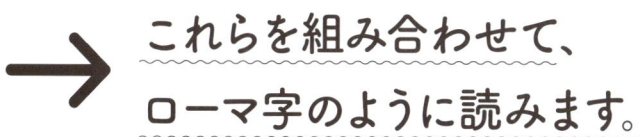

[k + a = ka]　　[m + o = mo]

カ　　　　　　　モ

☞ ちなみに「o」は、母音の音のみで発音します。

ア　ヤ　オ　ヨ

よく使うハングルの読み方の表は次ページ

ハングル読み方表

子音▼ \ 母音▶	基本母音								
	ㅏ a	ㅑ ya	ㅓ ɔ	ㅕ yɔ	ㅗ o	ㅛ yo	ㅜ u	ㅠ yu	ㅡ ɯ	ㅣ i

平音

	ㅏ a	ㅑ ya	ㅓ ɔ	ㅕ yɔ	ㅗ o	ㅛ yo	ㅜ u	ㅠ yu	ㅡ ɯ	ㅣ i
ㄱ k/g	가 カ/ガ	갸 キャ/ギャ	거 コ/ゴ	겨 キョ/ギョ	고 コ/ゴ	교 キョ/ギョ	구 ク/グ	규 キュ/ギュ	그 ク/グ	기 キ/ギ
ㄴ n	나 ナ	냐 ニャ	너 ノ	녀 ニョ	노 ノ	뇨 ニョ	누 ヌ	뉴 ニュ	느 ヌ	니 ニ
ㄷ t/d	다 タ/ダ	댜 ティャ/ディャ	더 ト/ド	뎌 ティョ/ディョ	도 ト/ド	됴 ティョ/ディョ	두 トゥ/ドゥ	듀 ティュ/デュ	드 トゥ/ドゥ	디 ティ/ディ
ㄹ r	라 ラ	랴 リャ	러 ロ	려 リョ	로 ロ	료 リョ	루 ル	류 リュ	르 ル	리 リ
ㅁ m	마 マ	먀 ミャ	머 モ	며 ミョ	모 モ	묘 ミョ	무 ム	뮤 ミュ	므 ム	미 ミ
ㅂ p/b	바 パ/バ	뱌 ピャ/ビャ	버 ポ/ボ	벼 ピョ/ビョ	보 ポ/ボ	뵤 ピョ/ビョ	부 プ/ブ	뷰 ピュ/ビュ	브 プ/ブ	비 ピ/ビ
ㅅ s/ʃ	사 サ	샤 シャ	서 ソ	셔 ショ	소 ソ	쇼 ショ	수 ス	슈 シュ	스 ス	시 シ
ㅇ	아 ア	야 ヤ	어 オ	여 ヨ	오 オ	요 ヨ	우 ウ	유 ユ	으 ウ	이 イ
ㅈ tʃ/ʤ	자 チャ/ヂャ	쟈 チャ/ヂャ	저 チョ/ヂョ	져 チョ/ヂョ	조 チョ/ヂョ	죠 チョ/ヂョ	주 チュ/ヂュ	쥬 チュ/ヂュ	즈 チュ/ヂュ	지 チ/ヂ

激音

	ㅏ a	ㅑ ya	ㅓ ɔ	ㅕ yɔ	ㅗ o	ㅛ yo	ㅜ u	ㅠ yu	ㅡ ɯ	ㅣ i
ㅊ tʃʰ	차 チャ	챠 チャ	처 チョ	쳐 チョ	초 チョ	쵸 チョ	추 チュ	츄 チュ	츠 チュ	치 チ
ㅋ kʰ	카 カ	캬 キャ	커 コ	켜 キョ	코 コ	쿄 キョ	쿠 ク	큐 キュ	크 ク	키 キ
ㅌ tʰ	타 タ	탸 ティャ	터 ト	텨 ティョ	토 ト	툐 ティョ	투 トゥ	튜 ティュ	트 トゥ	티 ティ
ㅍ pʰ	파 パ	퍄 ピャ	퍼 ポ	펴 ピョ	포 ポ	표 ピョ	푸 プ	퓨 ピュ	프 プ	피 ピ
ㅎ h	하 ハ	햐 ヒャ	허 ホ	혀 ヒョ	호 ホ	효 ヒョ	후 フ	휴 ヒュ	흐 フ	히 ヒ

[韓国語の文のつくり方]

第0章 ハングルを読んでみよう

英語は、主語＋述語＋目的語と、日本語と順番が異なりますが、
韓国語は日本語とほとんど同じルールでつくられます。

たとえば 「私は韓国に行きます」 は韓国語で

↓

저는 한국에 가요.

チョヌン　　　ハングゲ　　　カヨ

私は	韓国に	行きます
主語	目的語	述語

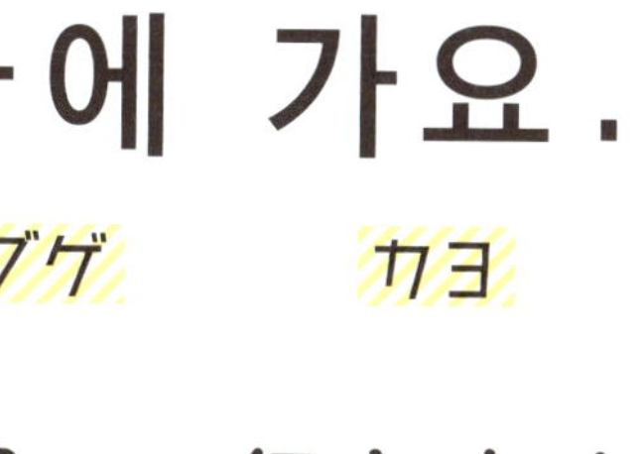

日本語と同じなので覚えやすいよね！

第1章 誰もがつかえるド定番

東京とソウルは、わずか2時間ちょっとで行けちゃう距離。せっかくだから、実際に韓国に行って、K-POPアイドルのコンサートやおいしい食事を楽しんじゃおう!! そんな旅行で使える基本的なフレーズを集めました。

ソウルを満喫するために

ソウルのメジャーな中心部は、明洞と江南エリア。どちらもショッピングや
飲食店が立ち並び、交通の便もいいので、滞在の拠点を
この近辺にするとすごく便利です。また、小さなクラブやアーティストの
事務所がある弘大もオススメ。ドラマやPVの撮影をしていることも多いうえ、
ドミトリーなど格安で泊まれる場所も充実しています。

☑ 交通編（地下鉄）

ソウル市内を縦横無尽に走っている地下鉄は、지하철（チハチョル）と言います。各線はシンボルカラー別に色分けされていて、駅名もハングル・漢字・英語で表記されているのでわかりやすいのが特徴。滞在中、何度も乗るようなら、便利なプリペイド式交通カード（T-Money）を購入してもOK。

☑ 食事編

個人経営店からチェーン店まで街のあらゆるところにある飲食店。辛～い韓国料理から、焼肉、パスタなど色んな食事を楽しめます。ここで注意したいのは、日本より量が多いこと。1人で行く場合は、屋台やデパ地下のフードコートなどをかしこく利用するといいかも。

☑ 交通編（タクシー）

大通りですぐに捕まえられるタクシーは便利ですが、トラブルもつきもの。必ず行き先をハッキリ伝え、メーターもキチンとチェックしましょう。個人タクシーも多いですが、心配なら黒色の模範タクシーに乗ると安心です。女性1人なら深夜はなるべく乗らない方がいいかもしれませんね。

☑ 気候編

ソウルの夏は暑くて冬は寒い!! 夏は日差しがきついので日よけ対策を万全に。対して冬は氷点下の日も多く、東京よりはるかに寒いです。冬に行く場合は、耳あてや帽子をかぶるなど防寒対策をキッチリしましょう。また、冬は道路や歩道がカチカチに凍っていることも。歩きやすい靴がオススメです。

せっかく来たんだから思いっきり楽しもう♪

[고마워요]
コマウォヨ

意味 ありがとう

👉 こんな時にピッタリ！

티켓 떨어졌네요
(ティケッ トロジョンネヨ)
チケット落ちましたよ

고마워요！
(コマウォヨ)
ありがとう！

覚えておきたい言葉NO.1！色んなシチュエーションで使えます。「ありがとう」「サンキュー」といった少し軽い感謝の意味を表す言葉で、目上の人ではなく、友だち同士で使うのにピッタリです!!

📖 こっちも覚えよう

目上の人に対しては、「고맙습니다(コマプスムニダ)」を使うことをオススメ。また、「感謝します」の意味の「감사합니다(カムサハムニダ)」を使ってもいいですね。ちなみにSNSでは、「땡큐(テンキュ)」を使うといいかも。

第1章 誰もがつかえるド定番

[안녕하세요?]
アンニョンハセヨ

[意味 こんにちは]

👉 こんな時にピッタリ!

안녕하세요?
（アンニョンハセヨ）
こんにちは

만나서 기뻐요
（マンナソ キッポヨ）
会えてうれしいです

韓国でよく使われるあいさつの言葉です。日本は朝・昼・晩と言い方が変わりますが、韓国はこれひとつでOK。「안녕하세요?」と語尾を上げて発音すると「お元気ですか?」の意味にもなるのでとっても便利です。

✏ こっちも覚えよう

友だち同士では「안녕（アンニョン）」と省略することも。これは、「やぁ」「じゃあね」「バイバイ」といった色んな場面で使えます。あらたまった場では、「안녕하십니까?（アンニョンハシムニカ）」を使うことをオススメ!

第 1 章 誰もがつかえるド定番

[네]
ネ

[意味]

はい

▶ こんな時にピッタリ！

케이팝 아주 좋아해요?
（ケイパプ アジュ ジョアヘヨ）
K-POPがすごく好きですか？

네
（ネ）
はい

「はい」や「えぇ」などの意味で、会話中の返事や発言を肯定したりするときに重宝します。年上の人には、さらにかしこまった表現の「예(イェ)」を使うことも。相槌をうつ感じで「ネー、ネー」と優しく言えばOKです。

[아뇨]
アニョ

[意味]

いいえ

▶ こんな時にピッタリ！

남자친구 있어요?
（ナムジャチング イッソヨ）
彼氏いますか？

아뇨
（アニョ）
いいえ

「네」の反対の意味。ほかにも「아니요(アニヨ)」や「아니(アニ)」など「いいえ」にあたる言葉はたくさんあります。ちなみに、バラエティ番組などでアイドルたちは、「아니야(アニヤ)」を使っていることが多いかも。

第1章 誰もがつかえるド定番

[기뻐요]
キッポヨ

[意味　うれしいです]

👉 こんな時にピッタリ！

미인이네요
(ミイニネヨ)
美人ですね

기뻐요
(キッポヨ)
うれしいです

ほめられたときや何かをもらったときは素直に「うれしい」と表現しましょう。友だちには、タメ口の「기뻐(キッポ)」を使ってもOK。とてもうれしいときは、「아주(アジュ)」を前につけるといいでしょう。

📋 こっちも覚えよう

感情を伝える言葉はいっぱい。「幸せです」は「행복해요（ヘンボケヨ）」、「楽しいです」は「즐거워요（チュルゴウォヨ）」、「悲しいです」は「슬퍼요（スルポヨ）」、「苦しいです」は「괴로워요（クェロウォヨ）」になります。

第1章 誰もがつかえるド定番

[몰라요]
モルラヨ

[意味] わかりません

📖 こんな時にピッタリ！

누구 이벤트입니까?
（ヌグ イベントゥイムニッカ）
誰のイベントですか？

몰라요
（モルラヨ）
わかりません

「わからない」「知らない」というときに使う言葉。逆に「わかった」は「알아요（アラヨ）」。ドラマや会話などでよく耳にする、「알았어요（アラッソヨ）」は、「わかりましたよ」と少していねいな言葉です。これらの言葉を知っているとすごく便利です。

[미안합니다]
ミアナムニダ

[意味] ごめんなさい

📖 こんな時にピッタリ！

이건 제 CD 예요
（イゴン チェ シディエヨ）
これは私のCDです

미안합니다!!
（ミアナムニダ）
ごめんなさい!!

お詫びのときに使う言葉。友だち同士なら軽い感じの「미안해요（ミアネヨ）」を使ってもOK。メンバー内の会話では、「미안해요」の方がよく耳にするかも。本当に申し訳ないときは、「죄송합니다（チェソンハムニダ）」を使うのがベストです。

[이거 주세요]
イゴ ジュセヨ

[意味 **これください**]

👉 こんな時にピッタリ！

이거 주세요
(イゴ ジュセヨ)
これください

만 원입니다
(マヌォニムニダ)
1万ウォンです

お気に入りの商品を見つけたら、指を指してこう言いましょう。「これ」は「이거(イゴ)」、「それ」は「그거(クゴ)」、「あれ」は「저거(チョゴ)」になりますが、「이거」だけ覚えておけばどうにかなります。

📖 こっちも覚えよう

韓国語の数字は、「일(イル)、이(イ)、삼(サム)…」と「하나(ハナ)、둘(トゥル)、셋(セッ)…」の2種類がありますがお金は前者を使用。「3千ウォン」は「삼천원(サムチョンウォン)」になります。詳しくはP64へ。

第1章 誰もがつかえるド定番

[같은 것으로 주세요]
カットゥン ゴスロ ジュセヨ

[意味 **同じものをください**]

👉 こんな時にピッタリ！

같은 것으로 주세요
(カットゥン ゴスロ ジュセヨ)
同じものをください

일인분입니까 ?
(イリンブニムニッカ)
1 人前ですか？

隣の人の料理はおいしそうに見えるもの。そんなときは、こう言いましょう。ただ、焼肉や鍋料理などメニューによっては2人前から注文のところも多いです。気ままな一人旅だと、屋台やフードコート、キンパ屋さんでの食事をオススメします。

[일본어 메뉴 있어요?]
イルボノ メニュ イッソヨ

[意味 **日本語のメニューありますか？**]

👉 こんな時にピッタリ！

뭐 드릴까요 ?
(ムォ トゥリルッカヨ)
何にしますか？

일본어 메뉴 있어요 ?
(イルボノ メニュ イッソヨ)
日本語のメニューありますか？

繁華街にある飲食店だと意外と日本語メニューがあるので、聞いてみるといいでしょう。なくても写真つきを持ってきてもらえるかも。ちなみに、「あの〜、すみません」という意味の「저기요（チョギヨ）」と声をかけてから言うといいでしょう。

第1章 誰もがつかえるド定番

[밥 먹었어요?]
パンモゴッソヨ

[意味] ごはん食べました？

▶ こんな時にピッタリ！

밥 먹었어요?
（パンモゴッソヨ）
ごはん食べました？

떡볶이 먹고 싶어요
（トッポキ モッコシポヨ）
トッポキ食べたいです

韓国ではあいさつ代わりによく使われるフレーズ。友だち同士だと、「밥 먹었어？（パンモゴッソ）」と言ったりします。もうすでに食べたときは「먹었어요～（モゴッソヨ）」、まだのときは「아직이요～（アジギヨ）」などと返すといいでしょう。

[배고파요]
ペゴパヨ

[意味] お腹すいた～

▶ こんな時にピッタリ！

배고파요～
（ペゴパヨ）
お腹すいた～

김밥 먹어요!
（キンパ モゴヨ）
キンパを食べよう！

語尾をのばすとかわいらしいイメージに。「すでに」の意味の「벌써（ポルッソ）」を、前につけると、「すでに空腹です～」の意味になります。ちなみに、「海苔巻き」を指す「김밥（キンパ）」は韓国料理の定番。屋台も出ているので手軽に食べられます。

025

[맛있어요]
マシッソヨ

[意味] **おいしい！**

👉 こんな時にピッタリ！

맛있어요！
（マシッソヨ）
おいしい！

이거 떡볶이예요
（イゴ トッポキエヨ）
これはトッポキよ

おいしいものを食べたときはこう言いたいですね。ていねいな言い方だと「맛있습니다（マシッスムニダ）」になります。「おいしいでしょ！」という意味の「맛있지！（マシッチ）」も友だちの間でよく使われます。

≡▶ こっちも覚えよう

辛い韓国料理を食べた場合は、「ちょっと辛いです」の意味の「좀 매워요（チョム メウォヨ）」と表現。また辛くしないでほしいときは、「안 맵게 해 주세요（アン メッケ ヘ ジュセヨ）」とお願いするといいでしょう。

第1章 誰もがつかえるド定番

>>→ 使用例

第1章　誰もがつかえるド定番

[같이 먹어요]
カッチ モゴヨ

[意味　一緒に食べよう]

👉 こんな時にピッタリ！

같이 먹어요
（カッチ モゴヨ）
一緒に食べよう

좋아요！
（チョアヨ）
よろこんで！

一人旅の場合、現地で友だちになった人にこう話しかけてみては。食べるときは「いただきます」の「잘 먹겠습니다（チャル モッケッスムニダ）」、終わったら「ごちそうさま」の「잘 먹었어요（チャル モゴッソヨ）」のあいさつをきちんとしましょう。

[계산 부탁해요]
ケーサン ブタケヨ

[意味　お会計をお願いします]

👉 こんな時にピッタリ！

계산 부탁해요
（ケーサン ブタケヨ）
お会計をお願いします

영수증입니다
（ヨンスジュンイムニダ）
領収書です

「계산（ケーサン）」は日本語の「計算」という意味で発音もほとんど同じ。ちなみに「カード使えますか？」の「카드 돼요？（カード デヨ）」や「日本円使えます？」の「일본엔 돼요？（イルボネン デヨ）」などを一緒に聞いてみるのもいいですね。

[좀 깎아 주세요]
チョム カッカ ジュセヨ

[意味 **ちょっとまけてください**]

👉 こんな時にピッタリ！

만 원입니다
(マヌォニムニダ)
1万ウォンです

좀 깎아 주세요
(チョム カッカ ジュセヨ)
ちょっとまけてください

欲しい商品がちょっと安くなる魔法の言葉。「싸게 안 돼요？(サゲ アンデヨ)」も「安くしてもらえませんか？」と同じような意味なのでどちらを使ってもOK。ただしデパートでは使わない方がいいでしょう。

📖 こっちも覚えよう

手元に現金がない場合は、「카드 돼요？(カード デヨ)」と聞いてカードで支払っちゃいましょう。韓国はカード文化なので、市場や屋台以外はたいていカードを使えます。ちなみに「現金」は「현금(ヒョングム)」と言います。

第1章 誰もがつかえるド定番

[얼마예요?]
オルマエヨ

[意味] いくらですか？

👉 こんな時にピッタリ！

추천상품입니다
(チュチョンサンプミムニダ)
オススメ商品です

얼마예요？
(オルマエヨ)
いくらですか？

旅行中はこの言葉を使うことが本当に多いです。買い物や食事、運賃を尋ねるときはすべて「얼마예요？」でOK。ちなみに、気になる商品がある場合は指でさしたり、「이거(イゴ)」をつけるといいでしょう。

📖 こっちも覚えよう

「オススメ商品」は「추천상품」、「人気商品」は「인기상품(インキサンプム)」、「セール商品」は「세일상품(セイルサンプム)」になります。季節の変わり目は、デパートや路面店に「세일(セイル)」の文字が並ぶので要チェックです!!

[아줌마, 아가씨]
アジュンマ、アガシ

[意味 **おばさん、お姉さん**]

👉 こんな時にピッタリ！

아줌마
（アジュンマ）
エネルギッシュな市場で働いているようなおばさん

아주머니
（アジュモニ）
おばさんだが、「아줌마」よりていねいな言い方

아가씨
（アガシ）
お姉さんの意味で親しい女性を呼ぶときに使用

아저씨
（アジョシ）
おじさん。20代以上の見知らぬ男性を呼ぶときに使う

人を表す言葉は多く、とくに女性を表現する言葉は間違えるとイヤな印象を与えるので注意したいところ。ちなみに、グループでの最年少の人を指す「막내(マンネ)」も「末っ子」という意味で使われています。

📖 こっちも覚えよう

ドラマでも耳にすることが多い「お兄さん」という意味の「오빠(オッパ)」。年下の女性が先輩の男性に親しみを込めて呼ぶときに使います。20代の女性が10代のアイドルのことを「오빠」と呼ぶのは少し恥ずかしいかも…。

第1章 誰もがつかえるド定番

[잘 부탁해요]
チャル プタケヨ

[意味 お願いします]

👉 こんな時にピッタリ！

같이 가요?
（カッチカヨ）
一緒に行こうか？

잘 부탁해요
（チャル プタケヨ）
お願いします

親しい人にはこれでOK。ただ、あらたまった場所では「잘 부탁합니다（チャル プタカムニダ）」と言った方が適切かも。自己紹介のときなどは、「今後」を表す「앞으로（アプロ）」を前につけることで、「これからもよろしくお願いいたします」に。

[천만에요]
チョンマネヨ

[意味 どういたしまして]

👉 こんな時にピッタリ！

감사합니다
（カムサハムニダ）
ありがとうございます

천만에요
（チョンマネヨ）
どういたしまして

「とんでもございません」などていねいな打ち消しのときに使います。ただ、会話の中での「どういたしまして」は、「いいですよ」の意味の「아니에요（アニエヨ）」や「大丈夫」を表す「괜찮아요（ケンチャナヨ）」を使うことが多いです。

[택시 어디서 타요?]
テクシ オディソ タヨ

[意味 タクシーはどこで乗れますか？]

👉 こんな時にピッタリ！

택시 어디서 타요？
（テクシ オディソ タヨ）
タクシーはどこで乗れますか？

택시 타는 곳요
（テクシ タヌン ゴンニョ）
タクシー乗り場です

タクシーやバスなど乗り場がわかりにくいときに使いたい言葉。韓国のタクシーは日本と同様、道を走っている車も捕まえてOK。日本より価格もお手ごろで便利です。ホテルの前が一番捕まえやすいですよ。

📋 こっちも覚えよう

「どこで、どこから」の「어디서（オディソ）」は使い勝手バツグン。レアアイテムを見かけたときは、「どこで買ったの？」と「어디서 샀어요？（オディソ サッソヨ）」と聞いてみて。気になる商品をゲットできるチャンスかも。

第1章 誰もがつかえるド定番

[콘서트회장에 가고 싶어요…]
コンソトゥフェジャンエ カゴ シポヨ

[意味
コンサート会場へ行きたいんですが…]

👉 こんな時にピッタリ！

콘서트회장에 가고 싶어요…
(コンソトゥフェジャンエ カゴ シポヨ)
コンサート会場へ行きたいんですが…

여기서 가까워요
(ヨギソ カッカウォヨ)
ここから近いですよ

「〜したい」の「싶어요」を使うと便利。行きたいんですが(行き方を教えてください…)のニュアンスを含むようになります。地下鉄「지하철(チハチョル)」、バス「버스(ポス)」など交通手段は豊富です。

≡▶ こっちも覚えよう

「近いです」の「가까워요(カッカウォヨ)」、「遠いです」の「멀어요(モロヨ)」は覚えておきたい言葉。遠いとわかったら、「何分かかります？」の「몇 분 걸려요？(ミョップン コルリョヨ)」と聞いてみるといいでしょう。

≫→ 使用例

コンサート会場へ
行きたいんですが…

ここから
近いですよ

콘서트회장에
가고 싶어요…

第1章 誰もがつかえるド定番

力強い
パフォーマンスで
歌謡界を攻める!

▶ アーティストに聞く! How to ハングル ❶ ◀

B.A.P

[ビー・エイ・ピー]

Question 01　韓国料理で食べた方がいい人にオススメしたい料理を教えて!

バン・ヨングク　やはりトッポギです!
ヨンジェ　僕はプルダッポックムション(鶏肉の辛炒め麺)がオススメです。
デヒョン　プルコギです。
　　　　　とってもおいしいですよ!

PROFILE
「Best(最高の) Absolute(絶対的な) Perfect(完璧な) 価値を追求する」という意味を持ち、HIP-HOPをベースにした力強いサウンドと完成度の高いパフォーマンスを誇る6人組アーティスト。

Question 02　韓国でのオススメのスポットは?

バン・ヨングク　ソウルのなかでも異国情緒あふれるイテウォン。
ヨンジェ　プサンのヘウンデ。
　　　　　海と夜景がキレイ! ビーチリゾートとしても人気です。
デヒョン　クァンジュのタミヤン。
　　　　　なかでもメタセコイア並木道は『冬のソナタ』などドラマのロケ地として有名。すごくリフレッシュできるスポットだと思います。

ヨンジェ　　　　ZELO　　　　デヒョン

Question 03 SNSなどでよく使う言葉やタグは?

ヨンジェ　ウインクの絵文字をよく使います。
ZELO　ヨヨヨ (ククク)、호호호 (フフフ) などはよく使っています。

Question 04 語学を勉強する際に実践している方法やコツを教えて!

ヨンジェ　マメにレッスンを受けることと、その国のドラマを観ること。
ジョンアプ　僕はアニメを観たりして、楽しみながら勉強しています。
ヒムチャン　間違えてもいいから、とにかく継続して話すことが大事だと思います!

Question 05 仲間うちで流行っている、最近よく使うログセは?

ヨンジェ　チョ〜ッタ!
（日本語で「いいね!」のような意味)

[B.A.P]

ジョンアプ　　ヒムチャン　　バン・ヨングク

第2章

番組観覧で楽しむ！

大好きなアーティストが出演する音楽番組をこの目で見てみたいもの。そんな番組観覧のチケットを手に入れて参加するまでに必要なフレーズをまとめて紹介！エベレスト登頂よりもハードルが高いといわれる番組観覧に参加して、生のパフォーマンスを堪能しましょう!!

番組観覧に参加するために

韓国には、「ミュージックバンク」「M COUNTDOWN」「SBS 人気歌謡」「SHOW CHAMPION」など音楽番組がいっぱい。カムバックしたアーティストはほとんどの音楽番組に出演します。アーティストの HP やペンカフェでチェックして最低でも前日までにソウル入りしておきましょう。

番組観覧方法

1 事前録画かどうかをチェック

生放送の観覧は外国人だとなかなか入れないので、事前収録にかけるのが一番。ペンカフェやファンクラブの情報を細かくチェックして出演するかどうか調べていきましょう。

2 CDや音源をDL

収録に参加するためには様々な条件がありますが、中でも最新CDはマストアイテム。参加する前に必ずゲットしておきましょう。また、公式ペンライトや現地で使用できる携帯電話も用意しておく必要があります。

3 前日にはテレビ局へ

2日前～前日の夜までに参加したい番組のテレビ局に行くと、周辺の壁や地面に張り紙が貼ってあります。その張り紙と自分を写し、書いてある電話番号へ写真と英語表記のフルネームを送信。すると、番号の連絡がきます。この番号が早い方が見られる確率がUPするため、ここまでが激しい争奪戦になります。

4 紙に書かれた時間に集合

張り紙に書かれた時間に集合すると点呼が始まります。③で送られてきた番号と名前を呼ばれるので大きな声で返事をしましょう。番号は韓国語で呼ばれるので事前に自分の番号の韓国語読みを調べていくことをオススメ。

5 当日は番号順にスタジオへ

④で指示された時間に集合すると、再び点呼が開始。このときにいないと今までの苦労が水の泡になるので、早めに着いているといいでしょう。点呼が終わると手に番号が書かれ、その順番で入場になります。その際、CDなどが必要になります。パスポートも持って行った方がいいです。ちなみに番号が書かれてもスタジオに入れないこともあります。

数字の韓国語読みは何度もチェック！

※アーティストにより異なるので詳しくは個々でチェック！

[누구 팬이에요?]
ヌグ ペニエヨ

> 意味
> 誰のファンですか？

▶ こんな時にピッタリ！

누구 팬이에요?
(ヌグ ペニエヨ)
誰のファンですか？

엑소 일본팬이에요
(エクソ イルボンペニエヨ)
EXOの日本人ファンです

観覧募集の張り紙を探している人を見かけたら聞いてみて。「팬(ペン)」は「ファン」という意味で、ペンカフェの"ペン"と同じ。「○○팬」の○○に自分の好きな人の名前を入れて言ってみましょう。

▶ こっちも覚えよう

韓国では、アーティスト名がハングル表記されることも。BIGBANGは「빅뱅」、SHINeeは「샤이니」、B.A.Pは「비에이피」のようになります。もちろん、東方神起のような漢字名も「동방신기」とハングルで書かれることがあります。

>>→ 使用例

第2章 番組観覧で楽しむ！

誰のファンですか？

EXOの日本人ファンです

누구 팬이에요?

第2章 番組観覧で楽しむ！

[몇 시에 모여요?]
ミョッシエ モヨヨ

[意味 **何時から集合しますか？**]

👉 こんな時にピッタリ！

> 몇 시에 모여요?
> (ミョッシエ モヨヨ)
> 何時から集合しますか？

> 10시에 모여요
> (ヨルシエ モヨヨ)
> 10時に集合です

「集合」は「집합(チパプ)」と言います。観覧で並ぶときに一番よく耳にする言葉なので必ず覚えておきましょう。「집합」の後ろに「場所」の「장소(チャンソ)」、「時間」の「시간(シガン)」などをつけて使うことが多いです。

📋 こっちも覚えよう

「몇 시부터 해요?（ミョッシブト ヘヨ）」は「何時から？」のこと。「몇 시부터 시작해요?（ミョッシブト シジャケヨ）」だと「何時スタート？」、「몇 시에 끝나요?（ミョッシエ クンナヨ）」は「何時終わり？」の意味になります。

第2章 番組観覧で楽しむ！

[어디에 있어요?]
オディエ イッソヨ

[意味] どこにあります？

こんな時にピッタリ！

- 어디에 있어요？
  （オディエ イッソヨ）
  どこにあります？

- 길 건너편에 있어요
  （キル コン／ビョネ イッソヨ）
  道の向かい側にあります

張り紙がどうしても見つからなかったとき、周りにいるファンにこう尋ねてみましょう。教えてくれるかも。ちなみに、主語の「張り紙は」にあたる「벽보（ピョクポ）」を入れるときは、「벽보는 어디에 있어요？」と「어디에」の前に置けばOK。

[자리 있어요?]
チャリ イッソヨ

[意味] ここ空いています？

こんな時にピッタリ！

- 자리 있어요？
  （チャリ イッソヨ）
  ここ空いています？

- 없어요
  （オプソヨ）
  空いています

実は日本人がよく間違える言葉のひとつ。日本語だと誰か来るのなら「空いていません」になりますが、韓国では、「ないです」の意味の「없어요」だと「空いています」に、「ある」の「있어요（イッソヨ）」だと「人が来ます」という意味になります。

[다시 한번 말해 주세요]
タシ ハンボン マレジュセヨ

[**意味** もう一度、言ってください]

👉 こんな時にピッタリ！

신분증 보여 주세요
(シンブンチュン ボヨ ジュセヨ)
身分証を見せてください

다시 한번 말해 주세요
(タシ ハンボン マレジュセヨ)
もう一度、言ってください

観覧できそうなところまできたのに、スタッフの言う言葉がよく聞き取れずチャンスを逃すなんてもったいない!! そんなときは、「다시 한번 말해 주세요！」と大きな声で言いましょう。次は聞き逃さないで。

📝 こっちも覚えよう

どうしてもわからないときは、「천천히 말해 주세요(チョンチョニ マレジュセヨ)」と言って、ゆっくり話してもらうのも手。ただ、スタッフはかなり忙しいはずなので、あまり迷惑をかけずに周りの人に助けてもらいましょう。

>>→ 使用例

もう一度、言ってください！

身分証を見せてください

다시 한번 말해 주세요

第2章 番組観覧で楽しむ！

第2章 番組観覧で楽しむ！

[찾았어요?]
チャジャッソヨ

[意味]

見つけた？

👉 こんな時にピッタリ！

찾았어요？
（チャジャッソヨ）
見つけた？

아까 메일로 보냈어요！
（アッカ メイルロ ポネッソヨ）
さっき、メールで送りました！

「探す」は「찾다（チャッタ）」になります。協力して探していて、「あそこは探しましたか？」と言いたいときは、「저쪽은 찾아 봤습니까？（チョッチョグン チャジャ バッスムニッカ）」とていねいに聞いてみましょう。

📝 こっちも覚えよう

「보냈어」や「送るよ」の意味がある「보낼게（ポネルッケ）」は、かなりフランクな言い方。友だち同士だといいですが、さすがに目上の人には避けたほうがいいかも。「送りました」の「보냈어요（ポネッソヨ）」が無難です。

048

第2章 番組観覧で楽しむ!

[이 짐 좀 봐 주세요]
イ ジム チョンボァジュセヨ

[意味 この荷物をちょっと見ていてください]

こんな時にピッタリ!

> 이 짐 좀 봐 주세요
> (イ ジム チョンボァジュセヨ)
> この荷物をちょっと見ていてください

> 좋아요
> (チョアヨ)
> いいですよ

急にトイレに行きたくなったときなど、親しくなった人にこう声をかけてから行きましょう。「トイレに行っている間」の「화장실에 갔다 올 동안(ファジャンシレ カッタ オル トンアン)」を前につけると、気持ちをわかってくれると思いますよ。

[화장실 어디예요?]
ファジャンシル オディエヨ

[意味 トイレはどこですか?]

こんな時にピッタリ!

> 화장실 어디예요?
> (ファジャンシル オディエヨ)
> トイレはどこですか?

> 쭉 가면 있어요
> (チュッ カミョン イッソヨ)
> 真っ直ぐ行くとあるよ

絶対覚えておきたい言葉! トイレのことは「화장실(ファジャンシル)」と言います。「真っ直ぐ」の「쭉(チュッ)」は、距離が長ければ長いと「쭉〜〜〜」とのばしたりします。わからないときはジェスチャーを使って教えてもらいましょう。

第 2 章 番組観覧で楽しむ！

[오늘도 더워요]
オヌルド トウォヨ

[意味　今日も暑いです！]

👉 こんな時にピッタリ！

오늘도 더워요!
（オヌルド トウォヨ）
今日も暑いです！

더워서 땀이 자꾸 나요
（トウォソ タミ チャクナヨ）
暑くて汗が止まりません

ソウルの冬はすごく寒いから夏は過ごしやすい？なんて思ったら大間違い。うだるような暑さが続きます。ちなみに、「오늘（オヌル）」は「今日」という意味です。「晴れ」は「맑음（マルグム）、「雨」は「비（ピ）」、「雪」は「눈（ヌン）」と言います。

[오늘 정말 너무 추워요]
オヌル チョンマル ノム チュウォヨ

[意味　今日は本当に寒すぎます!!]

👉 こんな時にピッタリ！

오늘 정말 너무 추워요!!
（オヌル チョンマル ノム チュウォヨ）
今日は本当に寒すぎます!!

따뜻한 커피 마시고 싶어요
（タットゥタン コピ マシゴ シボヨ）
温か〜いコーヒーが飲みたい

ソウルの冬の寒さを侮ることなかれ。息ができないほど寒いです。そんな中、一緒に外で列をつくって待っている同士で言いたい言葉。ちなみに、「風が冷たいですね」は「바람이 차가워요（パラミ チャガウォヨ）」。世間話でもしてみてはいかが？

第2章 番組観覧で楽しむ！

[언제부터 팬이에요?]
オンジェブト ペニエヨ

[意味 いつからファンですか？]

📢 こんな時にピッタリ！

언제부터 팬이에요?
（オンジェブト ペニエヨ）
いつからファンですか？

데뷔했을 때부터 좋아해요
（テビュヘッスル テプト チョアヘヨ）
デビューしたときから好きです

ファンに聞きたい言葉のひとつ。「언제부터（オンジェブト）」は「いつから」の意味。これを使うと「いつから始まりますか？」という「언제부터 시작됩니까？（オンジェブト シジャカムニッカ）」が聞けますね。

📝 こっちも覚えよう

「데뷔했을 때부터 좋아해요」は、ファンレターでも使える定番のフレーズ。「데뷔했을」を「최근（チェグン）」に代えると「最近」、「2년 전（イニョン チョン）」だと「2年前」になります。サイン会でも使ってみましょう。

[누가 나와요?]
ヌガ ナワヨ

[意味 誰が出演するの？]

☞ こんな時にピッタリ！

사녹 있어요
(サノク イッソヨ)
事前収録があります

누가 나와요？
(ヌガ ナワヨ)
誰が出演するの？

K-POPファンにとって一番大事なのはいち早く情報を勝ち取ること。自分の知らないことがあれば、聞いてみましょう。ちなみに普通に使っている「事前収録」の「사녹」は「사전녹화(サジョンノッカ)」の略。

≡ こっちも覚えよう

「사녹」以外にもK-POP語はいっぱい。「公開放送」は「공방(コンバン)」、「単独コンサート」は「단콘(ダンコン)」、「ファンサービス」は「팬싸(ペンサ)」、「サノクのために写真を撮りに行き点呼に行くこと」は「명단(ミョンダン)」と言います。

>>→ 使用例

第2章 番組観覧で楽しむ！

事前収録があります

誰が
出演するの？

누가
나와요?

[이름이 뭐예요?]
イルミ ムォエヨ

[意味 **名前はなんですか?**]

☞ こんな時にピッタリ！

혼자 왔어요
(ホンジャ ワッソヨ)
1人で来ました

이름이 뭐예요?
(イルミ ムォエヨ)
名前はなんですか?

返すときは「저는 ○○라고 합니다(チョヌン ○○ラゴ ハムニダ)」と言って。また気になる人を見かけたら、「저 사람 이름이 뭐예요？（チョサラム イルミ ムォエヨ）」とあの人の名前を聞いてみましょう。

≡▶ こっちも覚えよう

サイン会に行くと、スタッフから事前に「名前を書いてください」の意味の「이름 적어 주세요(イルム チョゴジュセヨ)」と言われることが多いので覚えておきましょう。フルネームではなく、下の名前だけでもOKですよ!!

>>→ 使用例

第2章 番組観覧で楽しむ！

「1人で来ました」

「名前はなんですか？」

사랑해 오빠

이름이 뭐예요?

第2章 番組観覧で楽しむ！

[우리 친구해요]
ウリ チングヘヨ

[意味 **友だちになろう！！**]

☞ こんな時にピッタリ！

> 동갑이네요
> （トンガビネヨ）
> 同い年だよ

> 우리 친구해요!!
> （ウリ チングヘヨ）
> 友だちになろう!!

せっかく出会ったんだからこれを機に友だちになっちゃいましょう。あまり改まりすぎず、気軽な気持ちで声をかけましょう。年を聞くときは、「몇 살이에요？（ミョッサリエヨ）」と言うと教えてくれますよ。

≡ こっちも覚えよう

22歳の場合は、「스물 두 살이에요（スムルドゥサリエヨ）」でOK。ただ韓国は、日本と違って数えで年齢を数えるので、「何年生まれですか？」という「몇 년생이에요？（ミョッニョンセンギエヨ）」と聞いた方がわかりやすいかも。

056

第2章 番組観覧で楽しむ!

[심쿵해]
シムクンヘ

[意味] 胸キュンだよ

▶ こんな時にピッタリ！

> 오늘도 멋있었어요~
> (オヌルド モシッソッソヨ)
> 今日もカッコよかった〜

> 심쿵해♥
> (シムクンヘ)
> 胸キュンだよ♥

「심쿵해(シムクンヘ)」はAOAの曲のタイトルとして有名に。「心臓」の意味の「심장(シムジャン)」が「쾅쿵쾅(クンクゥンクンクゥン)」することからできた言葉。「ドキドキ」の意味にあたる「두근두근(ドゥグンドゥグン)」も使いたい単語。

[콘서트에 가요?]
コンソトゥエ ガヨ

[意味] コンサートに行きますか？

▶ こんな時にピッタリ！

> 콘서트에 가요?
> (コンソトゥエ ガヨ)
> コンサートに行きますか？

> 물론이죠!
> (ムルロニジョ)
> もちろん！

「コンサート」のことは「콘서트(コンソトゥ)」、「ツアー」のことは「투어(トゥオ)」、「ファンミーティング」のことを「팬미(ペンミ)」と言います。ちなみに、K-POPファンのなかでは、「日本のコンサート」は「일콘(イルコン)」と略されます。

[ID 가르쳐 주세요]
アイディ ガルチョジュセヨ

[意味 **IDを教えてください**]

👉 こんな時にピッタリ！

카톡 친구해요
(カトク チングヘヨ)
カカ友になりましょう

ID 가르쳐 주세요
(アイディ ガルチョジュセヨ)
IDを教えてください

「가르쳐 주세요(カルチョジュセヨ)」は「〜を教えてください」の意味。IDの部分を「한국어(ハングゴ)」に代えると、「韓国語を教えてください」になります。便利なフレーズなので覚えておきましょう。

📖 こっちも覚えよう

韓国では、カカオトークを利用している人が圧倒的に多いです。カカオトークは基本「카톡(カトク)」と略して言われます。ちなみに「アカウント」は「계정(ケジョン)」、「友だち申請」は「친구신청(チングシンチョン)」です。

>>→ 使用例

第2章 番組観覧で楽しむ！

カカ友になりましょう

IDを教えてください

ID 가르쳐 주세요

第2章 番組観覧で楽しむ！

[빡세다]
パクセダ

[意味] キツイね〜

👉 こんな時にピッタリ！

예정이 꽉 찼어요~
(イェジョンイ クワック チャッソヨ)
予定がいっぱいだよ〜

빡세다~
(パクセダ)
キツイね〜

「大変」という意味で使われる「힘들다(ヒムドゥルダ)」よりもくだけた若者言葉。スケジュール的に追い詰められているときなどによく使います。ちなみに、ギリギリでハードすぎるというときは、「빡빡하다(パッパカダ)」を使ったりします。

[빡쳐요]
パクチョヨ

[意味] ムカつく!!

👉 こんな時にピッタリ！

그 이야기는 뻥이에요
(クイヤギヌン ッポンイエヨ)
その話はガセですよ

빡쳐요!!
(パクチョヨ)
ムカつく!!

「腹立つ」や「ムカつく」の若者言葉。キレイな言葉ではないので、年齢が上の人にはあまり使わない方がいいかも。「本当に腹立つ!!」は「진짜 빡쳐!!（チンチャ パクチョ）」と言います。ちなみに、「嘘」という意味の「뻥(ポン)」も若者言葉です。

060

[많이 기다렸죠?]
マニ キダリョッチョ

[意味]
お待たせ

👉 **こんな時にピッタリ！**

> 많이 기다렸죠?
> (マニ キダリョッチョ)
> お待たせ

> 늦었어요!!
> (ヌジョッソヨ)
> 遅すぎる!!

第2章 番組観覧で楽しむ！

「ごめんね」という意味の「미안해요(ミアネヨ)」とセットで使うといいでしょう。ちなみに「遅い」は「늦다(ヌッタ)」。韓国ではイベントが時間通りに始まらないことも多いので、意外と耳にしているかも。「遅刻する」は「지각하다(チガカダ)」。

[빨리빨리]
パルリッパルリ

[意味]
早く早く

👉 **こんな時にピッタリ！**

> 빨리빨리
> (パルリッパルリ)
> 早く早く

> 잠깐만요~
> (チャムカンマンニョ)
> ちょっと待って~

韓国人の口グセとも言われる「빨리빨리」。「早く」という意味の「빨리」を続け、焦らせています。「しばらくの間」の「잠깐만(チャムカンマン)」も会話中だと「ちょっと待って」に。「잠깐만 기다리세요(―キダリセヨ)」は「少々お待ちください」の意味。

061

第2章 番組観覧で楽しむ！

[또 만나요]
トマンナヨ

[意味]

またね

👉 こんな時にピッタリ！

또 만나요
(トマンナヨ)
またね

연락할게！
(ヨンラカルッケ)
連絡するよ！

別れるときの言葉。「안녕!（アンニョン）」を前につけて、「バイバイ、また会おうね」と言ってもいいでしょう。親しい間柄なら「또 봐요（トバヨ）」とくだけた言い方でもOK。社交辞令のときにも使えます。

📝 こっちも覚えよう

「さようなら」の意味の別れのあいさつは2通りあります。留まって見送る側だと「안녕히 가세요（アンニョンイ ガセヨ）、自分が立ち去る側なら「안녕히 계세요.（アンニョンイ ゲセヨ）」になります。

第2章 番組観覧で楽しむ！

[몇 번이에요?]
ミョッポニエヨ

[意味 何番ですか？]

こんな時にピッタリ！

명단에 갔다 왔어요
（ミョンダネ カッタ ワッソヨ）
ミョンダンに行ってきたよ

몇 번이에요?
（ミョッポニエヨ）
何番ですか？

「몇(ミョッ)」は「何」という意味で、「〜番」の「번(ポン)」の前につけて「何番」に。名詞の前につけるだけなのですごくかんたん。「枚」の「장(ジャン)」で「何枚」、「階」の「층(チュン)」で「何階」の意味に。

こっちも覚えよう

次のコンサートや番組収録の日にちが気になるときは、「何月何日ですか？」の意味の「몇 월 며칠입니까？（ミョッドォル ミョチリムニカ）」と聞きましょう。数字の読み方は、P65に載っているのでチェックしてください!!

[저는 일번]
チョヌン イルボン

[意味　私、1番！]

👉 こんな時にピッタリ！

저는 일번!
(チョヌン イルボン)
私、1番！

저는 이십이번
(チョヌン イシビボン)
私、22番

韓国語の数字の数え方は2通り。日本語の「1、2、3」にあたる漢字語数詞と「1つ、2つ、3つ」にあたる固有語数詞です。漢字語数詞は価格、年月日、電話番号など、固有語数詞は人数などに使われます。

✏️ こっちも覚えよう

漢字語数詞を使う「ウォン」は「원（ウォン）」、「階」は「층（チュン）」、「年・月・日」は「년（ニョン）・월（ウォル）・일（イル）、固有語数詞を使う「名」は「명（ミョン）」、「個」は「개（ゲ）」、「枚」は「장（チャン）」です。

第 2 章　番組観覧で楽しむ！

[漢字語数字]

0	1	2	3	4	5	6	7
공	일	이	삼	사	오	육	칠
コン	イル	イー	サム	サー	オー	ユク	チル

8	9	10	100	1,000	10,000
팔	구	십	백	천	만
パル	クー	シプ	ペク	チョン	マン

[固有語数字]

1	2	3	4	5	6	7
하나	둘	셋	넷	다섯	여섯	일곱
ハナ	トゥル	セッ	ネッ	タソッ	ヨソッ	イルゴプ

8	9	10
여덟	아홉	열
ヨドル	アホプ	ヨル

저는 일번

アジアを魅了するグローバルユニット

■ アーティストに聞く! How to ハングル❷ ■

CROSS GENE

[クロスジン]

Question 01

コンサートと同様にアツい音楽番組での声援。うれしいファンの声援は？

タクヤ	コールアンドレスポンスでファンのみなさんの声がすごく大きかったときは最高！
サンミン	僕たちが歌を歌うときには、一緒に歌ってくれたり、ペンライトを一生懸命振ってくれて応援してくれることですね。
セヨン	歌を一緒に歌ってくれるとき。
シン	一緒に歌ってくれるときが、本当に幸せ！
キャスパー	大きな声で応援してくれるとうれしいです。
ヨンソク	僕たちと一緒に歌を歌ってくれるとき！

Question 02

人にオススメしたいイチオシ韓国料理は？

タクヤ	キムチチゲ
サンミン	ビビンパ
セヨン	卵焼き（中に海苔が入っているやつ）
シン	プルコギ
キャスパー	カルビタン、参鶏湯、豚足
ヨンソク	チキン

PROFILE

2012年韓国でデビュー。2013年に「Shooting Star」で日本デビュー。キャスパーは中国、タクヤは日本、他のメンバーは韓国出身の多国籍グループ。1stアルバム「YING YANG」が発売中！

Question 03

韓国でのオススメのスポットは？

キャスパー / セヨン

タクヤ	夏は、漢江でチキンとビールを飲むのがおすすめ！
サンミン	仁寺洞。韓国の昔の街並みがステキです。
セヨン	カンウォンド。僕が行ったことのある場所の中でいちばん自然を感じることができる場所です。
シン	キョンボックンは韓国の美しい建築物が見れます。
キャスパー	東大門、アックジョン
ヨンソク	大学路。僕のミュージカルを行う場所なので。

Question 04
CROSS GENE は多国籍なメンバーが在籍するグループですが、語学を勉強する際に実践している方法やコツを教えて!

タクヤ	日記を書いたり、メールを打ったり、文字を書くこと。
サンミン	漫画やアニメを観ます。
セヨン	その国の人と会話することが大事だと思います。
シン	教材を使って勉強することも大事。そして、映画やアニメをたくさん観ています。
キャスパー	自信を持って話すこと!
ヨンソク	とにかく現地の方とたくさん会話するようにしています。

Question 05
周りで流行っている言葉や、最近よく使うログセは?

- タクヤ　シャシャシャ➡TWICE の曲「CHEER UP」が流行ってます。意味もなく使う感じ。
- サンミン　アジェ➡メンバーがおやじギャグを言ったときに、「あ〜アジェ!」と言う。
- セヨン　ヘックマ➡すっげーおいしいときに使う。
- シン　ニャン➡語尾にニャンをつけるのが個人的に流行ってます。
- キャスパー　ハジマン
- ヨンソク　テダナダ(すごい!)

Question 06
メールやカカオトークでよく使うのは?

- タクヤ　よく略します。母音だけ使って子音なくしたり。
- サンミン　韓国では、カカオトークで絵文字とかではなく、バラエティ番組の面白いテロップや写真をキャプチャーして引用したりすることが多いです。写真のことを、「ウムチャル」っていいます。
- セヨン　'〜'をよく使う
- シン　(笑)と顔文字!
- キャスパー　あまり使わないかもしれません。
- ヨンソク　엄청나다(オムチョンナダ)(すばらしい)

[タクヤ] [シン] [ヨンソク] [サンミン]

[CROSS GENE]

第3章 サイン会で思いを伝える

大好きなアーティストを身近で見たい！
そんな人にピッタリなのがサイン会。
質問をぶつけてみたり、あわよくば
撮影ができたりと夢のような時間を過ごせます。
マストで使いたいフレーズを
ピックアップしているので、
これを使って自分の思いをぶつけてみては？

サイン会に参加するために

カムバック中は、CDショップでサイン会を行うのがK-POPの定番。
とはいっても、いつ開催されるかはギリギリになるまでわかりません。公式、
ペンカフェ、CDショップや本屋のサイトをマメにチェックしておきましょう。
ちなみに番組観覧と同じくらいハードルが高いので、参加できるかは運次第です‼

事前に準備すること

1 サイン会が行われるかチェック

公式やペンカフェで情報が解禁になるのは、2日前なんてのもザラ。どのショップで行われるかがわかったら、すぐにショップのHPをチェックして‼ 詳細が出ているので、その日にちまでにそのショップに行く必要があります。

2 CDを購入

サイン会に参加するためには、そのショップでCDを買う必要があります。CDの枚数分、応募券をもらえるので、たくさん購入したほうが確率が上がるもの。人気アーティストだと100枚以上購入しないとダメなんてことも。

3 必要事項を書いて応募完了

応募券に名前と電話番号を記入して提出し、応募完了。ここでもらう控えは引き換え券なので大事に保管しましょう。後日、指定されたサイトで当選発表があるのでチェック！ ここに名前と連絡先が出ていたら当選です‼

当日の流れ

場所は、ショップやショッピングモールの広場、ホールなど様々。たまにオープン形式の場合もありますが、当選した人以外は見られないことがほとんどなので、確実に当選している場合だけ会場に足を運びましょう。サイン会によって違いますが、くじを引いて順番を決められることも。早めに会場に着いていると安心できますね。ちなみに身分証明できるパスポートを持って行くとベストです。
事前にふせんを配られることもあるので、そこには自分の名前を書きましょう。また、そのふせんに軽い質問などを書いておくと、答えてくれることがあります。
自分のとき以外は撮影OKだったりするので、友だちに写真撮影をお願いしておくのも手かもしれませんね。

> 質問は事前にハングルで書いておくと便利！

※アーティストによって流れが異なるので詳しくは個々でチェック！

[광팬이에요]
クワンペニエヨ

[意味 大ファンです]

👉 こんな時にピッタリ！

광팬이에요
(クワンペニエヨ)
大ファンです

고마워요
(コマウォヨ)
ありがとう

当たり前だけどやっぱり伝えたい言葉のひとつ。「팬이에요（ペニエヨ）」は「ファンです」の意味。ちなみに人物名を入れるときは、呼び捨てにはせずに「○○씨(シ)」を使って「○○さん」と言いましょう。

📖 こっちも覚えよう

同じような基本フレーズとして、「会えてうれしいです」の「만나서 반가워요(マンナソ パンガウォヨ)」、「いつもパワーをもらっています」の「항상 격려 받아요(ハンサン キョンニョバダヨ)」などがあるので使ってみて。

>>→ 使用例

第3章 サイン会で思いを伝える

大ファンです

ありがとう

광팬이에요

第3章 サイン会で思いを伝える

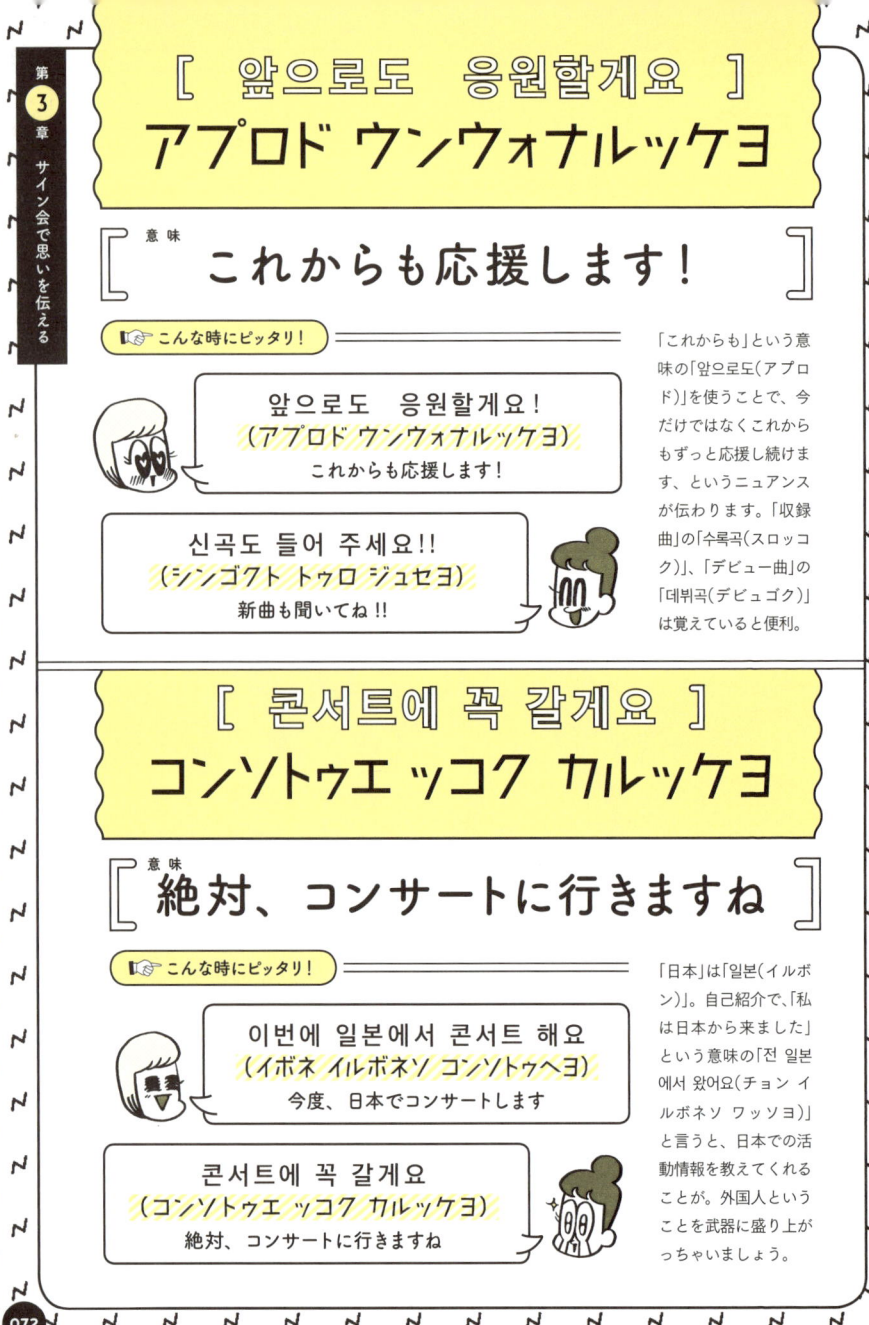

[앞으로도 응원할게요]
アプロド ウンウォナルッケヨ

[意味 これからも応援します！]

☞ こんな時にピッタリ！

> 앞으로도 응원할게요！
> (アプロド ウンウォナルッケヨ)
> これからも応援します！

> 신곡도 들어 주세요!!
> (シンゴクト トゥロ ジュセヨ)
> 新曲も聞いてね!!

「これからも」という意味の「앞으로도(アプロド)」を使うことで、今だけではなくこれからもずっと応援し続けます、というニュアンスが伝わります。「収録曲」の「수록곡(スロッコク)」、「デビュー曲」の「데뷔곡(デビュゴク)」は覚えていると便利。

[콘서트에 꼭 갈게요]
コンソトゥエ ッコク カルッケヨ

[意味 絶対、コンサートに行きますね]

☞ こんな時にピッタリ！

> 이번에 일본에서 콘서트 해요
> (イボネ イルボネソ コンソトゥヘヨ)
> 今度、日本でコンサートします

> 콘서트에 꼭 갈게요
> (コンソトゥエ ッコク カルッケヨ)
> 絶対、コンサートに行きますね

「日本」は「일본(イルボン)」。自己紹介で、「私は日本から来ました」という意味の「전 일본에서 왔어요(チョン イルボネソ ワッソヨ)」と言うと、日本での活動情報を教えてくれることが。外国人ということを武器に盛り上がっちゃいましょう。

第 3 章 サイン会で思いを伝える

[일본에도 오세요]
イルボネド オセヨ

[意味 **日本にも来てください！**]

▶ こんな時にピッタリ！

일본에도 오세요!
(イルボネド オセヨ)
日本にも来てください！

물론 또 갈게요~
(ムルロン ット カルッケヨ)
もちろん、また行きます~

せっかくならこのメッセージは言いたい！ 念を押したいときは、「必ず」の「꼭（ッコク）」を間に入れて「일본에 꼭 오세요（イルボネ ッコク オセヨ）」にしましょう。「네（ネ）」と言われるだけでうれしいです。

■ こっちも覚えよう

来てくれるなら、「待っています」の「기다릴게요（キダリルッケヨ）」を続けると会話が成立します。よく耳にする「다음에는 일본에서 만나죠（タウメヌン イルボネソ マンナジョ）」は「次は日本で会いましょう」の意味です。

[같이 사진 찍어도 돼요?]
カッチ サジン ッチゴド ドェヨ

[意味
一緒に写真を撮っていいですか？]

👉 こんな時にピッタリ！

같이 사진 찍어도 돼요?
(カッチ サジン ッチゴド ドェヨ)
一緒に写真を撮っていいですか？

하나 둘 셋!
(ハナ トゥル セッ)
1、2、3！

「一緒に」の意味の「같이」を入れましょう。掛け声の定番は、「はいキムチ」ではなく「하나 둘 셋!」。「한 장 더 찍을게요 (ハンジャンド チグルケヨ)」と言われたら、「もう1枚撮りますよ」の意味です。

📝 こっちも覚えよう

「デジカメ」は「똑딱이(トッタギ)」、「スマホ」は「스마트폰(スマトゥポン)」と言います。ちなみに最近は、SNSに載せるため自撮りする人も多いのでは？ そんな「自撮り」のことを韓国語では「셀카(セルカ)」と言います。

第 3 章　サイン会で思いを伝える

>>→ 使用例

一緒に写真を撮っていいですか？

もちろん

같이 사진 찍어도 돼요?

[함께 하트 만들어 주세요]
ハムッケ ハトゥ マンドゥロジュセヨ

[意味
一緒にハートマークをつくってください]

👉 こんな時にピッタリ！

어떤 포즈가 좋아요？
(オットン ポーズガ ジョアヨ)
どんなポーズにする？

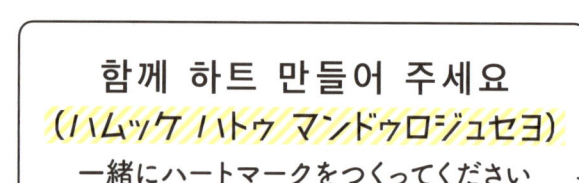

함께 하트 만들어 주세요
(ハムッケ ハトゥ マンドゥロジュセヨ)
一緒にハートマークをつくってください

2ショット写真の定番「ハートマーク」。ひとつのハートをつくるところにキュンキュンしちゃいます。ちなみに、コンサート中にハートをつくってほしいときは、「하트 만들어」とうちわに書くといいでしょう。

📃 こっちも覚えよう

写真のポーズは様々。腕を組みたいときは「팔짱을 끼어 주세요(パルチャンウル ッキオジュセヨ)」、手をつなぎたいときは「손을 잡아도 돼요(ソヌル チャバド ドェヨ)」と言ってみましょう。ただし、無理なお願いは禁物です。

>>→ 使用例

第 3 章　サイン会で思いを伝える

一緒にハートマークを
つくってください

どんな
ポーズにする？

함께 하트
만들어 주세요

第3章 サイン会で思いを伝える

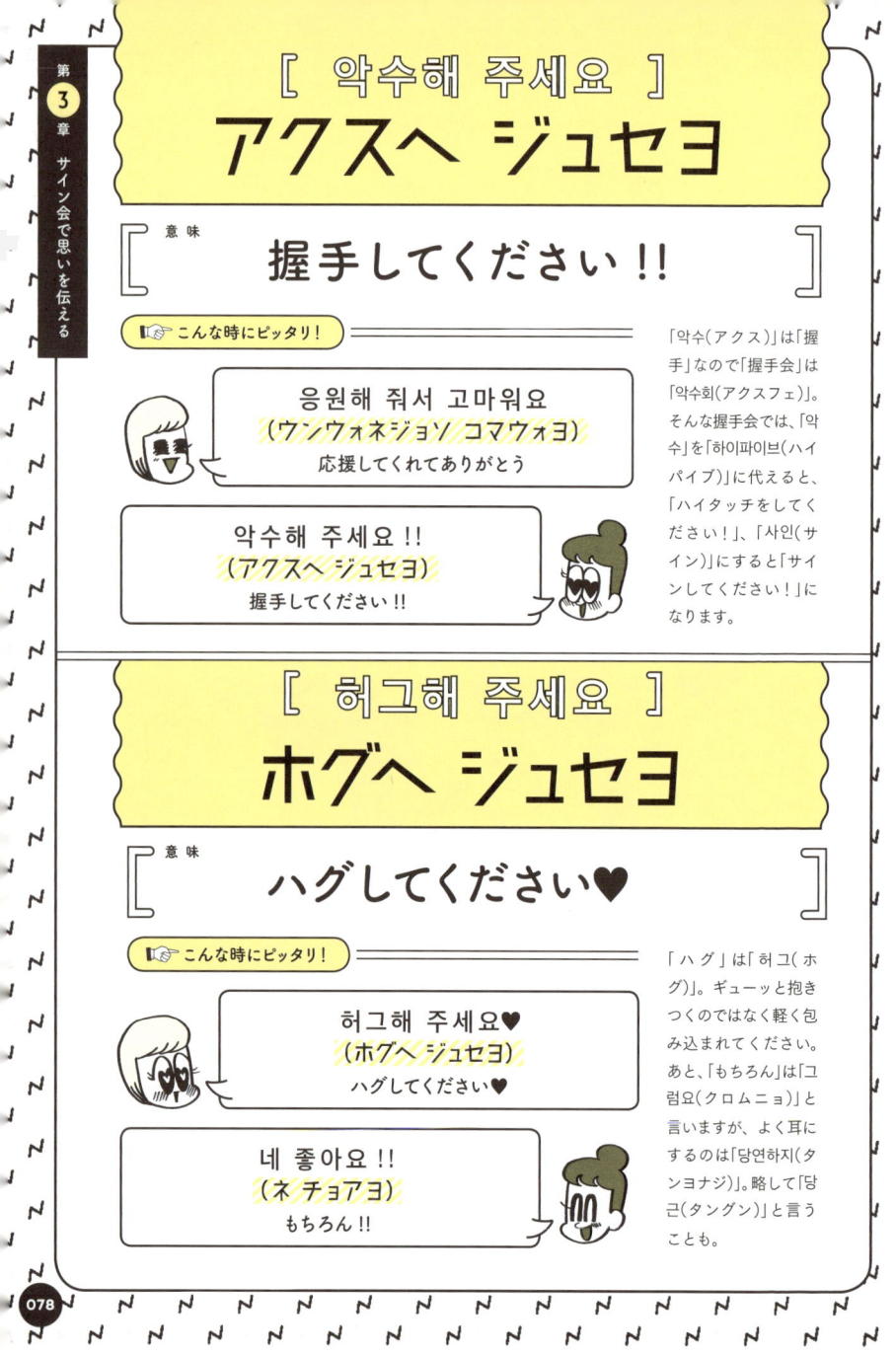

[악수해 주세요]
アクスヘ ジュセヨ

[意味 握手してください!!]

☞ こんな時にピッタリ!

応援해 줘서 고마워요
(ウンウォネジョソ コマウォヨ)
応援してくれてありがとう

악수해 주세요!!
(アクスヘ ジュセヨ)
握手してください!!

「악수(アクス)」は「握手」なので「握手会」は「악수회(アクスフェ)」。そんな握手会では、「악수」を「하이파이브(ハイパイブ)」に代えると、「ハイタッチをしてください!」、「사인(サイン)」にすると「サインしてください!」になります。

[허그해 주세요]
ホグヘ ジュセヨ

[意味 ハグしてください♥]

☞ こんな時にピッタリ!

허그해 주세요♥
(ホグヘ ジュセヨ)
ハグしてください♥

네 좋아요!!
(ネ チョアヨ)
もちろん!!

「ハグ」は「허그(ホグ)」。ギューッと抱きつくのではなく軽く包み込まれてください。あと、「もちろん」は「그럼요(クロムニョ)」と言いますが、よく耳にするのは「당연하지(タンヨナジ)」。略して「당근(タングン)」と言うことも。

第 3 章 サイン会で思いを伝える

[벽치기 해 주세요]
ピョクチギ ヘ ジュセヨ

[意味 **壁ドンしてください**]

こんな時にピッタリ！

> 뭘 부탁해요？
> (ムォル プタケヨ)
> 何をお願いする？

> 벽치기 해 주세요
> (ピョクチギ ヘ ジュセヨ)
> 壁ドンしてください

「壁ドン」は「벽치기(ピョクチギ)」の意味。この「○○주세요(ジュセヨ)」は万能で、○○が「뽀뽀(ポッポ)」なら「キスしてください」、「머리 쓰다듬어(モリッスダドゥモ)」なら「頭ポンポンしてください」に。

こっちも覚えよう

日本でもブームになった「壁ドン」ですが韓国でも大人気。同じように少女マンガの世界に浸れるのが「お姫様抱っこ」。お願いするときは、「공주님처럼 안아 주세요(コンジュニムチョロム アナ ジュセヨ)」と言えばOK。

[꺄아~! 멋있어요!!]
キャ〜 モシッソヨ

[意味　キャ〜！ カッコイイ!!]

☞ こんな時にピッタリ！

꺄아~！ 멋있어요!!
（キャ〜 モシッソヨ）
キャ〜！ カッコイイ!!

긴장돼요
（キンジャンデヨ）
緊張するね

「カッコイイ」にあたる言葉はいっぱいあります。見た目もさることながら言動や雰囲気がカッコイイときは「멋있어요」を使うことをオススメ。男性だけではなく、女性や物、景色などにも使うことができます。

≡ こっちも覚えよう

いわゆる「イケメン」にあたる言葉は、「잘생기다（チャルセンギダ）」。これはよく使われます。また、少女マンガから飛び出してきたような端正な顔立ちのイケメンのことは、「만찢남（マンチンナム）」と呼びます。

>>→ 使用例

第3章 サイン会で思いを伝える

緊張するね

キャ〜!
カッコイイ!!

까아~!
멋있어요!!

[귀여워요]
キィヨウォヨ

[意味 **カワイイ**]

👉 こんな時にピッタリ！

귀여워요
（キィヨウォヨ）
カワイイ

최고～
（チェゴ）
最高～

「カワイイ」は「귀여워요」。「かわいらしい」「愛らしい」という意味で、いわゆる「キレイ」や「美しい」は「예뻐요（イェッポヨ）」になります。好きなアイドルがどちらに当てはまるか考えて使いましょう。

📖 こっちも覚えよう

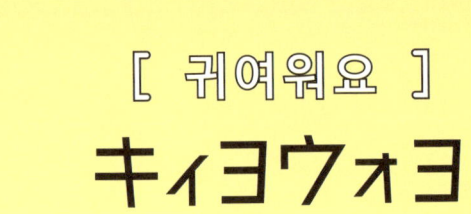

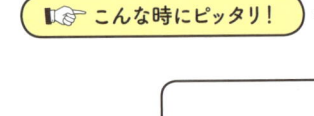

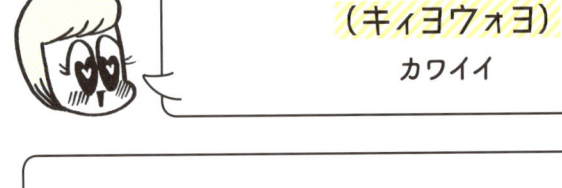

2001年ごろに流行した「最高にカワイイ」という意味の「얼짱（オルチャン）」。日本では今でも使われている言葉ですが韓国では最近、死語の仲間入りに。ちなみに、逆の意味の「超絶ブス」は「얼빵（オルパン）」と言います。

>>→ 使用例

第3章 サイン会で思いを伝える

カワイイ

最高〜

귀여워요

第3章 サイン会で思いを伝える

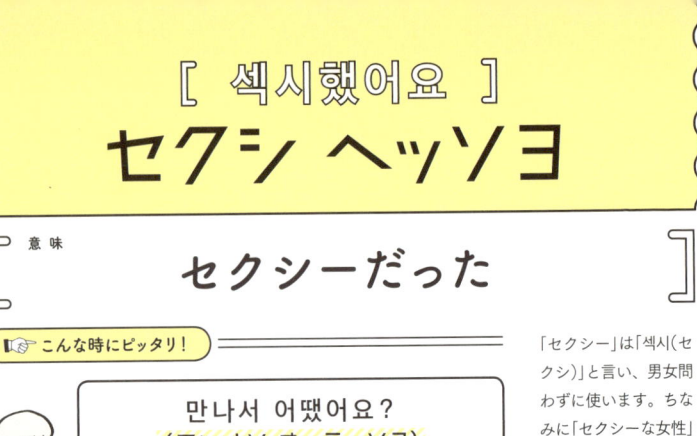

[섹시했어요]
セクシ ヘッソヨ

[意味 セクシーだった]

👉 こんな時にピッタリ！

> 만나서 어땠어요?
> (マンナソ オッテッソヨ)
> 会えてどうだった？

> 섹시했어요
> (セクシ ヘッソヨ)
> セクシーだった

「セクシー」は「섹시(セクシ)」と言い、男女問わずに使います。ちなみに「セクシーな女性」は「섹시녀(セクシニョ)」、「ワイルドな男性」は「야성남(ヤセンナム)」と言われます。ちょっと行き過ぎた「エロい」は「야하다(ヤハダ)」になります。

[화이팅]
ファイティン

[意味 がんばって！]

👉 こんな時にピッタリ！

> 화이팅！
> (ファイティン)
> がんばって！

> 고마워요!!
> (コマウォヨ)
> ありがとう!!

「힘내세요(ヒムネセヨ)」など「がんばって」にあたる言葉はいっぱいありますが、日常的にもよく使うのが「화이팅」。英語の「Fighting(ファイティング)」からきた言葉です。若者の間では、略して「홧팅(ファッティン)」と言うこともあります。

[만나서 반가워요]
マンナソ パンガウォヨ

第3章 サイン会で思いを伝える

[意味 会えてうれしいです]

こんな時にピッタリ！

만나서 반가워요
（マンナソ パンガウォヨ）
会えてうれしいです

눈물 닦으세요
（ヌンムル タックセヨ）
涙を拭いてください

スターに会えたら本当にうれしいですよね。ちなみに「うれしい」は「반가워요」を使用。これは会ってうれしいときの「うれしい」にしか使われない言葉です。通常の「기쁘다(キップダ)」は使えません。

こっちも覚えよう

喜びを表す言葉はたくさんあります。うれしすぎて泣いてしまったときは、「うれしくて涙がこみ上げてきます」という意味の「너무 기뻐서 눈물이 나요(ノム キッポソ ヌンムリナヨ)」と言ってみるのもいいかもしれません。

第3章 サイン会で思いを伝える

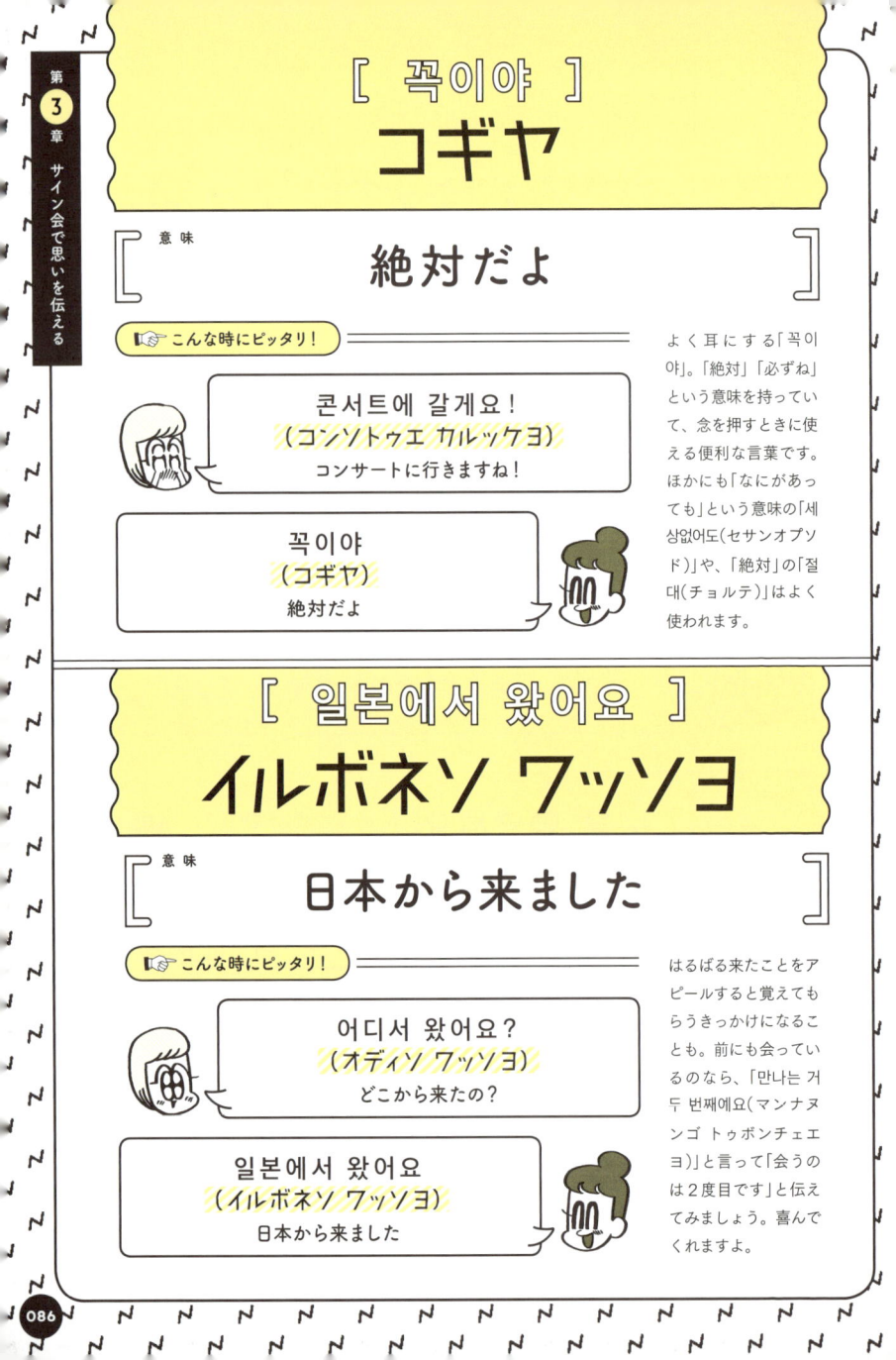

[꼭이야]
コギヤ

[意味 絶対だよ]

👉 こんな時にピッタリ！

> 콘서트에 갈게요!
> (コンソトゥエ カルッケヨ)
> コンサートに行きますね！

> 꼭이야
> (コギヤ)
> 絶対だよ

よく耳にする「꼭이야」。「絶対」「必ずね」という意味を持っていて、念を押すときに使える便利な言葉です。ほかにも「なにがあっても」という意味の「세상없어도(セサンオプソド)」や、「絶対」の「절대(チョルテ)」はよく使われます。

[일본에서 왔어요]
イルボネソ ワッソヨ

[意味 日本から来ました]

👉 こんな時にピッタリ！

> 어디서 왔어요?
> (オディソ ワッソヨ)
> どこから来たの？

> 일본에서 왔어요
> (イルボネソ ワッソヨ)
> 日本から来ました

はるばる来たことをアピールすると覚えてもらうきっかけになることも。前にも会っているのなら、「만나는 거 두 번째예요(マンナヌンゴ トゥボンチェエヨ)」と言って「会うのは2度目です」と伝えてみましょう。喜んでくれますよ。

第3章 サイン会で思いを伝える

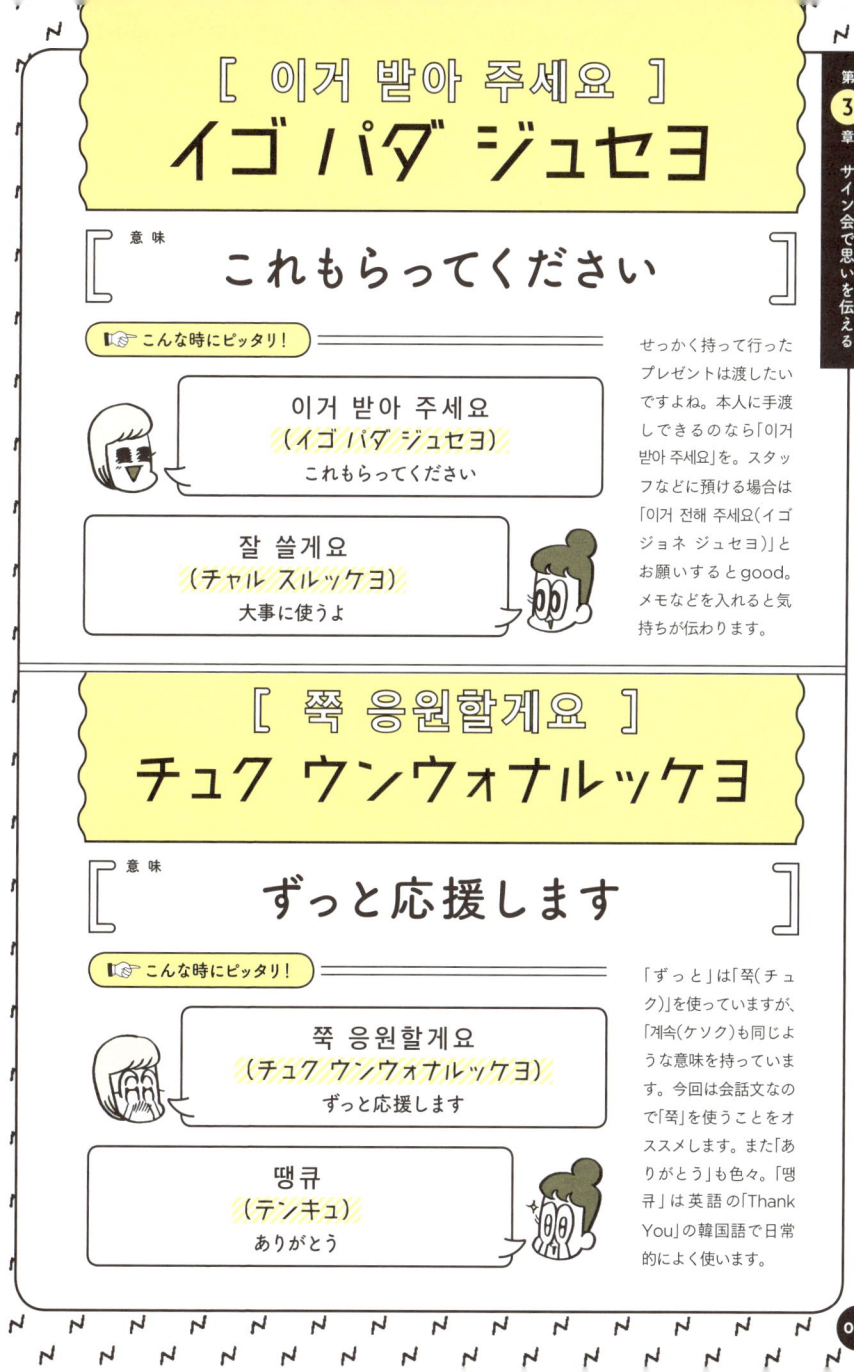

[이거 받아 주세요]
イゴ パダ ジュセヨ

[意味]
これもらってください

▶ こんな時にピッタリ！

- 이거 받아 주세요
  （イゴ パダ ジュセヨ）
  これもらってください

- 잘 쓸게요
  （チャル スルッケヨ）
  大事に使うよ

せっかく持って行ったプレゼントは渡したいですよね。本人に手渡しできるのなら「이거 받아 주세요」を。スタッフなどに預ける場合は「이거 전해 주세요（イゴ ジョネ ジュセヨ）」とお願いするとgood。メモなどを入れると気持ちが伝わります。

[쭉 응원할게요]
チュク ウンウォナルッケヨ

[意味]
ずっと応援します

▶ こんな時にピッタリ！

- 쭉 응원할게요
  （チュク ウンウォナルッケヨ）
  ずっと応援します

- 땡큐
  （テンキュ）
  ありがとう

「ずっと」は「쭉（チュク）」を使っていますが、「계속（ケソク）」も同じような意味を持っています。今回は会話文なので「쭉」を使うことをオススメします。また「ありがとう」も色々。「땡큐」は英語の「Thank You」の韓国語で日常的によく使います。

[대박]
テーバック

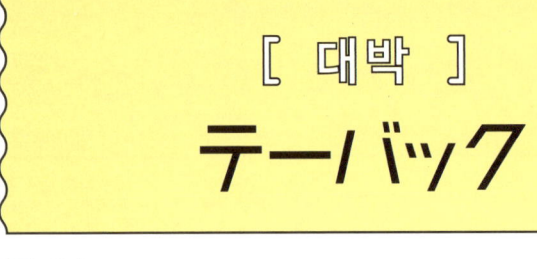

[意味] **ヤバい!!**

👉 こんな時にピッタリ!

> 너무 멋있다~
> (ノム モシッタ)
> カッコよすぎる~

> 대박!!
> (テーバック)
> ヤバい!!

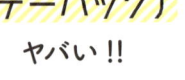

「대박」は日本語の「スゴイ」「ヤバい」「超」のような言葉。うれしいとき、驚いたとき、唖然としたときなど色んな場面で使えます。ログセのように使っているアイドルも多いので聞いたことあるはず。

📒 こっちも覚えよう

「マジ」にあたる「진짜(チンチャ)」も若者の間で人気の言葉。「マジカッコいい」と言いたいときは、「진짜 멋있어요(チンチャ モシッソヨ)」でOK。そんな「진짜」よりもっとスゴいと言いたいときは「완전(ワンジョン)」を使って。

088

使用例

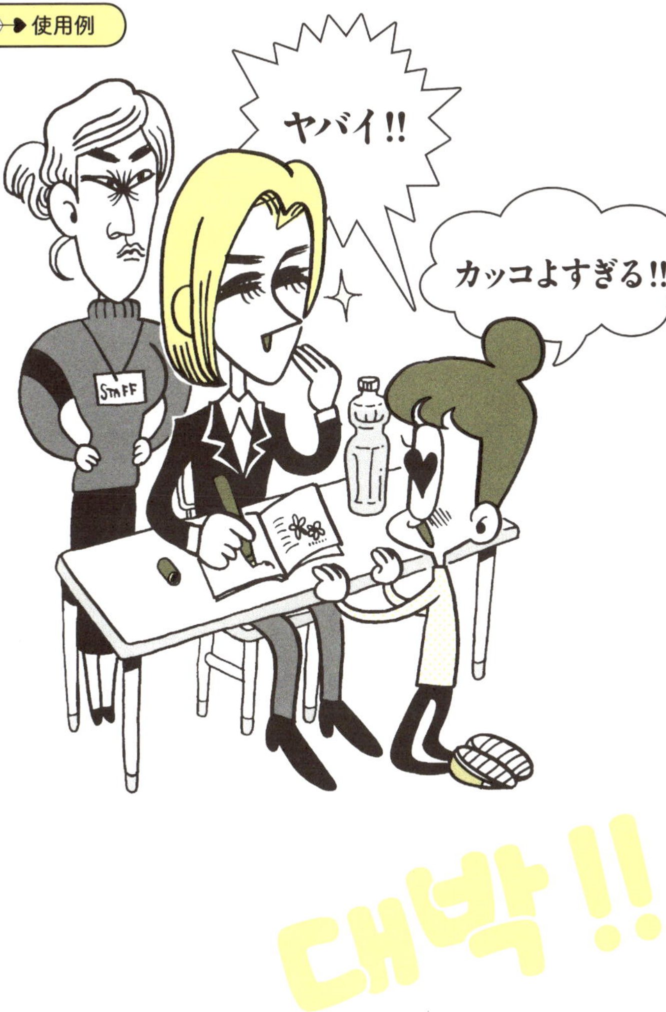

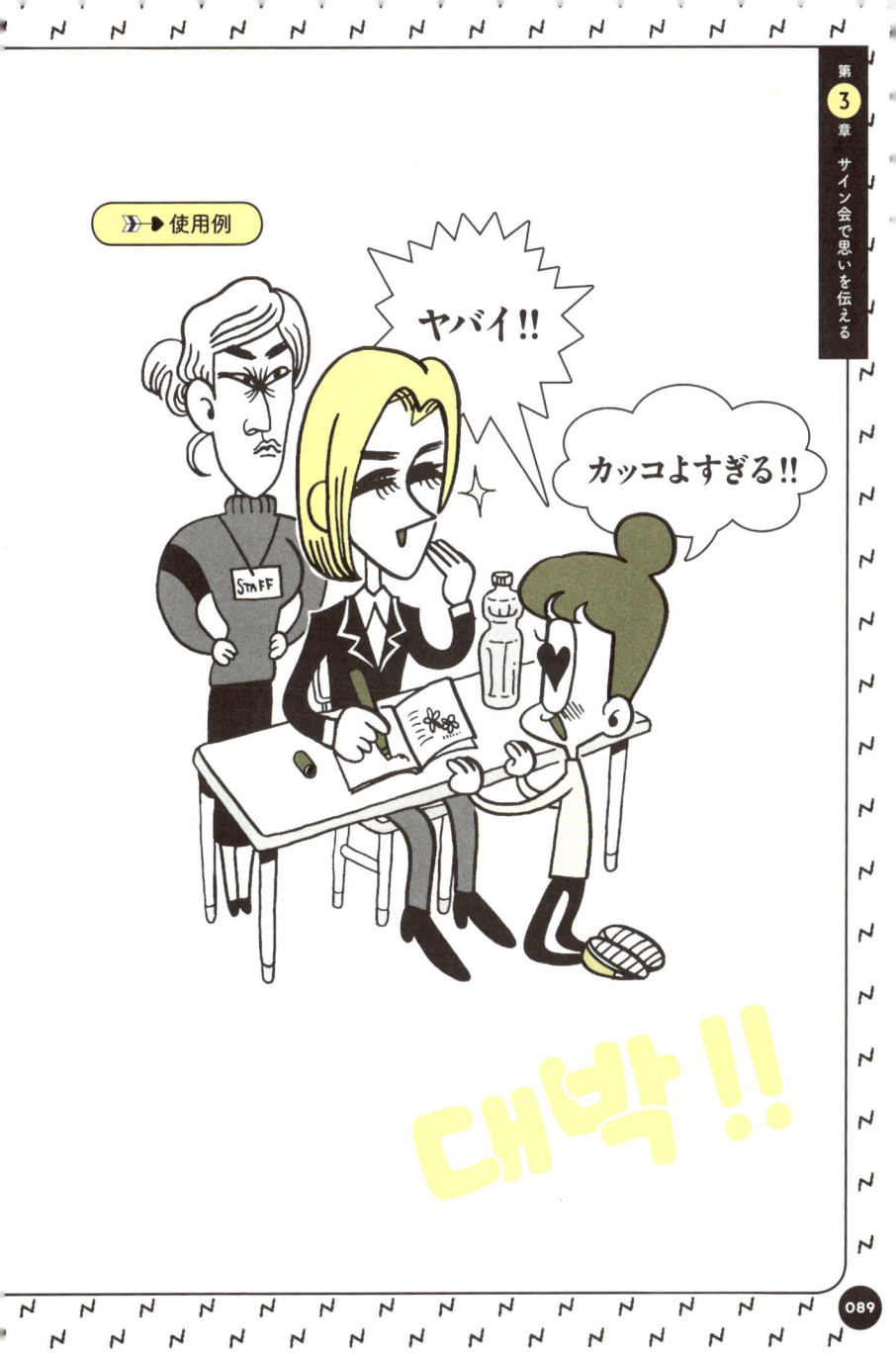

第3章 サイン会で思いを伝える

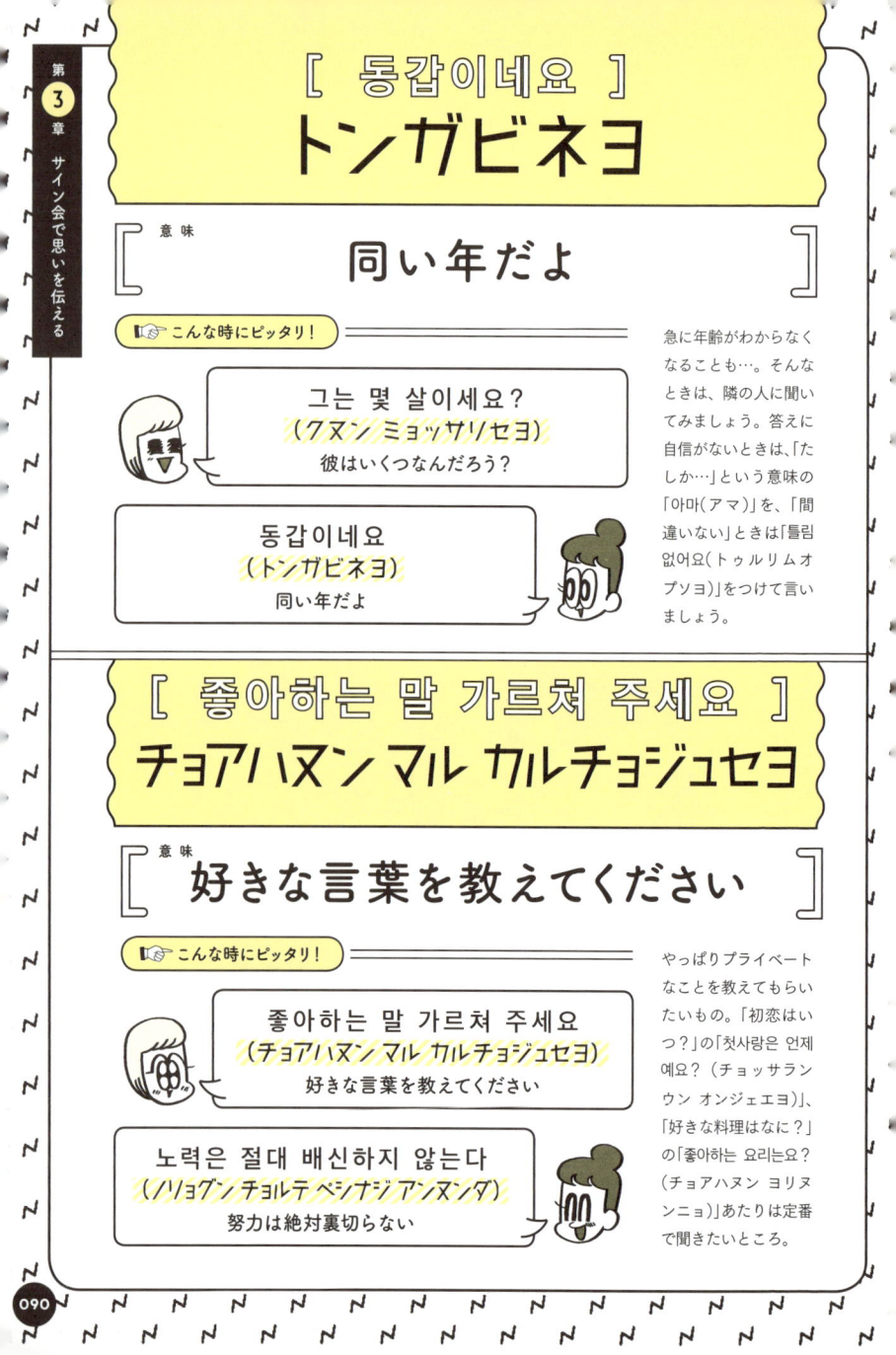

[동갑이네요]
トンガビネヨ

[意味 同い年だよ]

👉 こんな時にピッタリ！

그는 몇 살이세요?
(クヌン ミョッサリセヨ)
彼はいくつなんだろう？

동갑이네요
(トンガビネヨ)
同い年だよ

急に年齢がわからなくなることも…。そんなときは、隣の人に聞いてみましょう。答えに自信がないときは、「たしか…」という意味の「아마(アマ)」を、「間違いない」ときは「틀림없어요(トゥルリムオプソヨ)」をつけて言いましょう。

[좋아하는 말 가르쳐 주세요]
チョアハヌン マル カルチョジュセヨ

[意味 好きな言葉を教えてください]

👉 こんな時にピッタリ！

좋아하는 말 가르쳐 주세요
(チョアハヌン マル カルチョジュセヨ)
好きな言葉を教えてください

노력은 절대 배신하지 않는다
(ノリョグン チョルテ ペシナジ アンヌンダ)
努力は絶対裏切らない

やっぱりプライベートなことを教えてもらいたいもの。「初恋はいつ？」の「첫사랑은 언제예요？（チョッサランウン オンジェエヨ）」、「好きな料理はなに？」の「좋아하는 요리요？（チョアハヌン ヨリヌンニョ）」あたりは定番で聞きたいところ。

第3章 サイン会で思いを伝える

[신곡 매일 듣고 있어요]
シンゴク メイル トゥッコ イッソヨ

[**意味** 新曲を毎日聞いています]

👉 こんな時にピッタリ!

> 좋아하는 곡 가르쳐 주세요
> (チョアハヌン ゴク カルチョジュセヨ)
> 好きな曲を教えてください

> 신곡 매일 듣고 있어요
> (シンゴク メイル トゥッコ イッソヨ)
> 新曲を毎日聞いています

「毎日」は正式な文章では「매일(メイル)」と言いますが、話し言葉だと「맨날(メンナル)」でもOK。この部分を「매일 아침(メイル アチム)」にすると「毎朝」、「매일 밤(メイル パム)」だと「毎晩」になります。

✏️ こっちも覚えよう

「好きな曲を教えてください」と聞かれたら、「○○が一番好きです」と答えたいところ。そんなときは、「○○제일 마음에 들었어요(チェイル マウメ トゥロッソヨ)」と言って。「気に入る」は「마음에 들다(マウメ トゥルダ)」です。

[멘붕이야]
メンブンイヤ

[意味 メンタル崩壊〜]

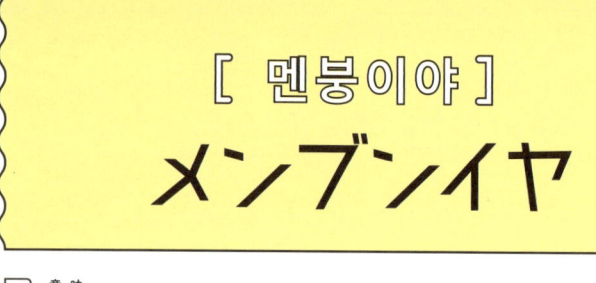

こんな時にピッタリ！

즐거운 시간은 끝났어…
(チョルゴウン シガヌン ックンナッソ)
楽しい時間は終わった…

멘붕이야〜
(メンブンイヤ)
メンタル崩壊〜

よく耳にすることが多い「멘붕(メンブン)」。もともとは「멘탈 붕괴(メンタルブングェ)」からきている略語で、「精神的に立ち直れない」「ショック」という意味。SNSでは「멘붕〜」と嘆いている人多数。

こっちも覚えよう

「ショックで心臓が止まりそう」と言うときに使う「심멎(シンモッ)」など、韓国ではその時代にあった流行語が次々と生まれています。ドラマから誕生することが多く、「チキンとビール」のことを表す「치맥(チメック)」もそのひとつ。

>>→ 使用例

楽しい時間は終わった…

メンタル崩壊～

멘붕이야~

第3章 サイン会で思いを伝える

■ アーティストに聞く！ How to ハングル ❸ ■

HALO
[ヘイロー]

> おもしろさも兼ね備えた6人組！

Question 01 韓国料理でこれは食べた方がいいオススメ料理を教えて！

- ディノ　韓国の激辛ラーメン
- インヘン　ユッケビビンパ
- オウン　プルコギ定食
- ジェヨン　おいしいし、ヘルシーなカルビスープ
- ヒチョン　豚肉のピリ辛炒め
- ユンドン　サムギョプサル！ サンチュに包んで食べるととてもおいしいです。それと、キムチ蒸し！ 寒いときに食べると辛くて汗も出るし、おいしいです。

Question 02 韓国でのオススメのスポットは？

- ディノ　釜山（プサン）　クァンアンリ
- インヘン　ソウルのカロスキル
- オウン　ソウルの漢江、バンポ地区
- ジェヨン　一山（イルサン）湖公園　とてもいいところです。
- ヒチョン　ソウルのハヌル公園
- ユンドン　ソウルの光化門（クァンファムン）。天気がいいときにここを歩くとソウルのキレイな空が見えますよ。

PROFILE
2014年に韓国でデビュー。2016年8月に日本CDデビューし、定期公演「放課後！HALO部」ではパフォーマンスの他にミニドラマなど独自の舞台を展開中！

[HALO]

ヒチョン　インヘン

ジェヨン　ユンドン　オウン　ディノ

Question 03 コンサートやイベントでうれしいファンの声援は?

- ディノ　HALO 最高！一緒に最後まで行こう！
- インヘン　インベン、君は「愛」だよ。
- オウン　イケメン、チョン・ヨンフン！
（まだ聞いたことがなくて…。
聞いてみたいです）
- ジェヨン　ジェヨン!!!!!
名前を呼んでもらえるとうれしい！
- ヒチョン　ファンからの声援は
何でもすべてうれしいです！
- ユンドン　全メンバーの名前を
一人ずつ呼んでくれるとき！

Question 04 語学を勉強する際に実践している方法やコツを教えて！

- ディノ　僕は日本の映画を観たり、
漫画を読んで日本語を覚えています。
- インヘン　日本のドラマやアニメなどを観ます。
- オウン　アニメ、ドラマ、映画などを
たくさん観ます。
- ジェヨン　よく日本のゲームをしています。
ゲーム中、知らない単語が出たら
それを調べて覚えます。
- ヒチョン　まずは、日本語に慣れるために
面白い映画を観たり漫画を読んだり
しています。また、日本の文化や
日常生活についてきちんと理解し、
TPOに合わせて話せるように
ドラマを観ながら勉強しています。
- ユンドン　単語帳を持ち歩いていて、
暇があるたびに覚えています。
みなさんも単語帳を持ち歩いたりしたら
韓国語が上達しそう！

Question 05 仲間うちで流行っているよく使う口グセは?

- ディノ　뭐가 중헌디〜「何が大事やねん〜」
→映画「哭声」のセリフ
- インヘン　즐 ズル→「楽しくしよう」という意味です。
たとえば、ズル・ジョム = 楽しいランチ
- オウン　참아라 참아라 チャマラ、チャマラ
（我慢しろ、我慢しろ）→これはメンバーの
中で流行ってる言葉で、誰かをからかうときに
「チャマラ、チャマラ」と言いながらもっと
からかったりしています。
- ジェヨン　ㄹㅇ→「本当？」という意味です。
（発音は「レアル」)英語 Really のハングル
表記を略して書いた文字です。
- ヒチョン　잼？ジェム？
→その冗談が面白いと思って言っていますか？
노잼 ノジェム→その冗談は面白くないです。
- ユンドン　진짜로？びっくりしながら
「チンチャロ!?」→「マジで？」という意味

Question 06 SNSでよく使う言葉やタグは?

- ディノ　콩콩이들 コンコンたち（愛嬌を振りまきたいとき）
- インヘン　넘나 기쁜 것 ノムナキプンゴッ（すごくうれしいとき）
- オウン　굿밤〜〜〜 グッパム〜〜〜
（寝る前にファンの皆さんに挨拶したいとき）
- ジェヨン　# 헤일로 , 헤일로짱 #HALO, #HALO チャン（最高）
- ヒチョン　僕はあまりやっていませんが、
みんなハッシュタグつけて「# 日常」とか
書いてるみたいですね。
それか　# やりたいことを
こんな感じで　# こうやって
書いたり　# してるみたいですよ！
- ユンドン　その日の気分によって絵文字を使います。
天気がいい時は☀
こんな絵文字を使ったりしています。

COLUMN

イラストレーター えるたまの 韓国サイン

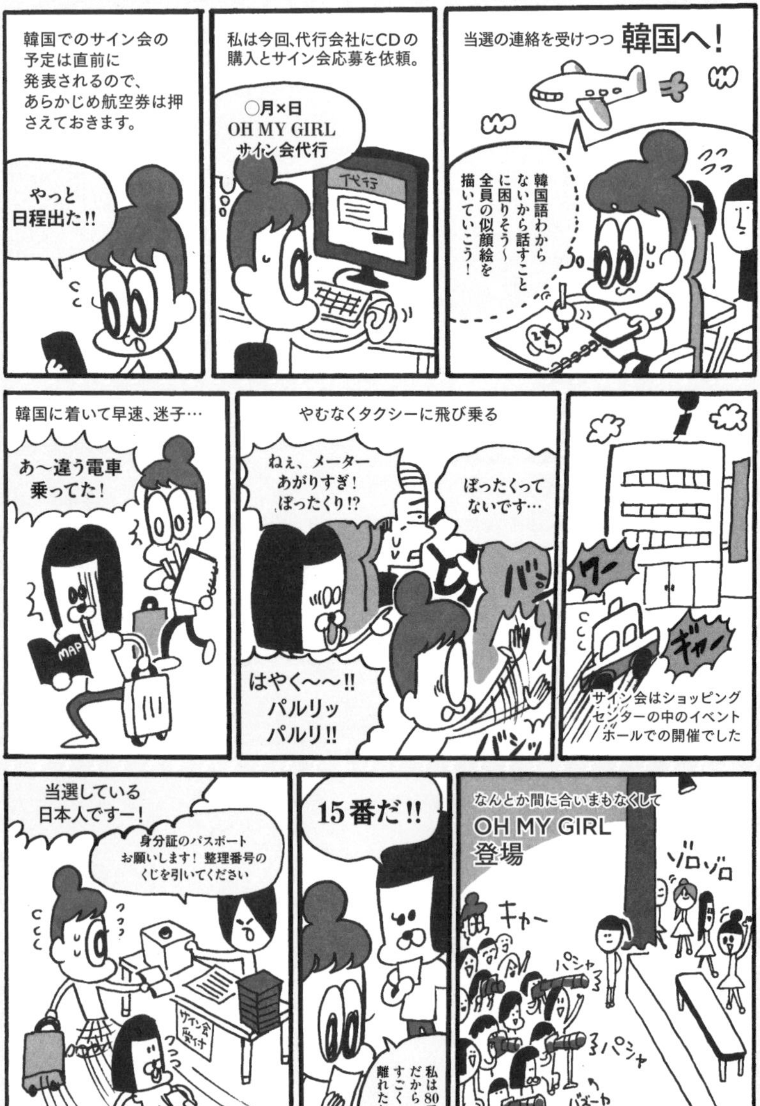

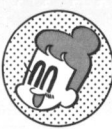

会に行ってみたレポ

OH MY GIRLちゃ〜ん♥
スンヒ／アリン／ジニ／ジホ／ユア／ヒョジョン／ミミ／ビニ

事前に受付でふせんが渡されて書いてほしい名前をCDにつけておく

えるたま

待ってる間、ひたすら似顔絵を描く私

ジー

プレゼント渡したり
待ってる人たちのリクエストに応えるメンバー
ハートやって〜♥
10〜15番の人たち並んで〜

とうとう私の番が!!
お願いしま〜す

日本の方ですか〜
えるたま？さ〜ん？
日本語うまい！
スンヒ

あの〜イゴ〜オルグル クリョスムニダ〜
(描きました)
わぁ〜！カワイイ！私？ですか？ウレシ〜!!

みんな色んな反応してくれてやさしい!!
ユア／アリン／ミミ／ヒョジョン／ジホ／ビニ／ジニ
似てます〜！ありがとうございます〜！

かわいさのあまり、目がとれるかと思った！

第4章 コンサートを堪能する

やっぱり、本場・韓国でのコンサートに行って思いっきり応援したいもの!
そのために必要なフレーズをズラリ。
コンサート会場では、ココでしか手に入らないグッズを買うこともお忘れなく!!
現地ファンが引くほど本気で応援しよう♥

ソウルコンに行くために

日本人にとって韓国でのコンサートチケットを取るのは超難関…。
ただでさえ大争奪戦なうえ、一般発売だと韓国内居住者しか買えないこともしばしば。とはいえ入手方法は色々あるので、挑戦してゲットしてみよう!!

チケット入手方法

☑ 一般発売

基本、韓国の住民登録番号などが必要となるので日本人は購入できないのですが、チケット販売サイトInterparkグローバルでは、コンサートによっては海外の人でも購入できる場合も。ただ先着順なのでかなりの運が必要！ただ後日、キープ流れが出ることもあるので、こまめにチェックしましょう。

☑ ファンクラブ

ファンクラブに加入していると一定枚数の先行販売もありますが、大抵は即完。人気のあるアーティストによってはワールドファンクラブもあるのでそちらにも加入しましょう。

☑ 当日、会場前で並ぶ

意外と出ているのが当日券。定価でゲットできます。ただ、人気アーティストだと現地の人も並ぶのでかなり大混雑になることも。気合を入れて、早くから並ぶのも手です。

☑ パッケージツアーを利用する

ファンクラブや旅行代理店が企画しているパッケージツアーがあります。これを使うとチケットだけでなくエアーやホテルの心配もいりませんが、日本で超人気なアーティストでないと企画されないことが多いです。

☑ チケット代行業者を利用する

日本語が堪能な現地のチケット代行業者に依頼する方法。代行業社はネットを探すとたくさん出てきますが、値段が正規よりかなり高く、悪質なところもあるので注意してください。（公式は代行業社の利用を禁止していることも多いです）

ライブではペンライト振って応援しよう!!

[두 장 부탁해요]
トゥジャン プタケヨ

[意味 **2枚ください**]

☞ こんな時にピッタリ！

티켓은 몇 장 필요하세요?
(ティケスン ミョッ チャン ピリョハセヨ)
何枚のチケットが必要ですか？

두 장 부탁해요
(トゥジャン プタケヨ)
2枚ください

チケットは固有語数詞を使って数えます。「1枚」なら「한 장(ハン ジャン)」、「2枚」なら「두 장(トゥジャン)」、「3枚」なら「세 장(セ ジャン)」となります。「부탁해요」は「お願いします」の意味です。

≡ こっちも覚えよう

必要なチケットの枚数を伝えたら、次に言いたい言葉は「おいくらですか？」の「얼마예요？（オルマエヨ）」。2人分、まとめた金額を知りたいときは、「전부 얼마예요？（チョンブ オルマエヨ？）」と言うといいでしょう。

使用例

> 何枚のチケットが必要ですか？

> 2枚ください

두 장 부탁해요

第4章 コンサートを堪能する

[죽인다]
チュギンダ

[意味 **イケてるね〜**]

👉 こんな時にピッタリ！

> 새로 나온 상품이네요
> (セロ ナオン サンプミネヨ)
> 新発売のグッズですね

> 죽인다～
> (チュギンダ)
> イケてるね〜

「죽인다」は、「イケてる」「クール」という意味で使われる若者たちの間の最高のホメ言葉。「ビール最高」と思ったときは「맥주 죽인다(メクチュ チュギンダ)」と表現します。「죽이네(ジュギネ)」と同じ意味。

✏️ こっちも覚えよう

同じように「イケてる」という意味でよく使われているのが「살아 있네〜 (サラインネ)」。映画のセリフから生まれた言葉で、少し釜山訛りで発音するのがポイント。「イイね」の「좋네(チョンネ)」と同じ意味で使われることも。

[완전 쿨하다]
ワンジョン クーラダ

[意味]
超クール!!

☞ こんな時にピッタリ!

신곡 들었어요?
(シンゴク トゥロッソヨ)
新曲聞いた?

완전 쿨하다!!
(ワンジョン クーラダ)
超クール!!

「イケてる」という意味の韓国はたくさんありますが、「쿨하다」は英語の「クール」を動詞にした言葉。同じように英語の「シック」からきた「시크하다(シークハダ)」は、「クールで魅力的」という意味に。同じような意味でも後者は少し上品です。

[좋아요]
チョアヨ

[意味]
イイね!

☞ こんな時にピッタリ!

응원법 배웠어요
(ウォンウォンポプ ペウォッソヨ)
コール覚えたよ

좋아요!
(チョアヨ)
イイね!

「イイね」にあたる言葉も「좋아요」以外にも、「good」にあたる「좋아(チョア)」や「굿!(クッ)」、「やったぜ!」に近い意味で「앗싸(アッサ)」など様々。ニュアンスで使い分けていますが、「좋아요」は万能なので覚えておくことをオススメします。

[어디서 샀어요?]
オディソ サッソヨ

[意味 どこで買ったの？]

👉 こんな時にピッタリ！

타월 득템!!
(タウォル ドゥクテム)
タオルゲット!!

어디서 샀어요?
(オディソ サッソヨ)
どこで買ったの？

「買いました」は「샀어요」で表現します。ちなみに「어디서」は何度も出てきていますが「どこで」をあらわす単語。テンポの速い会話なら、前後の内容を理解して「어디서？」だけでも通じるときがあります。

📖 こっちも覚えよう

「득템」はゲームでアイテムをゲットする様子を表現することから誕生した流行語。「得」の「득(トゥック)」と「アイテム(아이템)」の「템(テム)」の部分を合わせています。「득템하다(ドゥクテマダ)」の動詞形で使うことも。

≫➡ 使用例

タオルゲット!!

どこで買ったの？

어디서 샀어요?

第4章 コンサートを堪能する

第4章 コンサートを堪能する

[다른 색깔은 없어요?]
タルン セッカルン オップソヨ

意味
[別の色はありませんか？]

☞ こんな時にピッタリ！

이거 야광봉이에요
(イゴ ヤグァンボンイエヨ)
これはペンライトです

다른 색깔은 없어요？
(タルン セッカルン オップソヨ)
別の色はありませんか？

「色」は「색깔(セッカル)」。同じ言い方で「다른 사이즈 없어요？(タルン サイズ オプソヨ)」だと、「他のサイズはありませんか？」に。会場ではTシャツなどを売っているので覚えておきましょう。

■▶ こっちも覚えよう

ペンライトはコンサートでの必需品。グループによってデザインが異なるほか、同じグループでもライブによって違うデザインが売られることがあります。物販に行ったら、まずは「야광봉(ヤグァンボン)」の文字を探しましょう。

[사이즈가 어떻게 돼요?]
サイズガ オットケ ドェヨ

[意味 **サイズはどうしますか？**]

こんな時にピッタリ！

이 티셔츠 주세요
（イ ティショツ ジュセヨ）
このTシャツください

사이즈가 어떻게 돼요?
（サイズガ オットケ ドェヨ）
サイズはどうしますか？

返事は「M」だけでもいいですが、せっかくなので「엠 사이즈 주세요（エムサイズ ジュセヨ）と答えましょう。また別のサイズが欲しいときは「다른 사이즈는 없나요?（タルンサイズヌン オムナヨ）」と言うと別サイズを持ってきてくれます。

[어느 쪽이 좋아요?]
オヌ ッチョギ ジョアヨ

[意味 **どっちがいいですか？**]

こんな時にピッタリ！

어느 쪽이 좋아요?
（オヌ ッチョギ ジョアヨ）
どっちがいいですか？

이거 주세요
（イゴ ジュセヨ）
これください

コンサート会場の物販スペースでは商品が色々並んでいます。欲しい商品を指したりしてわかりづらいと「どっちにするの?」と聞かれることも。そんなときは無理して難しい言葉を話すのでなく、指さして「이거 주세요」と言いましょう。

第4章 コンサートを堪能する

第4章 コンサートを堪能する

[모두 같이 불러요?]
モドゥ カッチ プルロヨ

[意味 みんなは歌いますか？]

☞ こんな時にピッタリ！

> 모두 같이 불러요？
> （モドゥ カッチ プルロヨ）
> みんなは歌いますか？

> 물론이죠！
> （ムルロニジョ）
> もちろん！

コンサート行ってこのパートは歌うのかな？と不安になったら、「모두 같이 불러요？」と聞いてみて。違うなら「아니요（アニョ）」と返してくれます。コンサートにはマナーがあります。バラードやMCのときは掛け声を控えるのが基本です。

[이 곡은 뭐예요？]
イ コグン ムォエヨ

[意味 この曲はなんですか？]

☞ こんな時にピッタリ！

> 이 곡은 뭐예요？
> （イ コグン ムォエヨ）
> この曲はなんですか？

> 막내의 신곡이에요
> （マンネエ シンゴギエヨ）
> マンネの新曲です

聞いたことがない曲が流れていたら勇気をもって尋ねてみて。教えてくれると思いますよ。ちなみに「막내（マンネ）」はグループの「末っ子」、「リーダー」は「리더（リード）」、「ビジュアル担当」は「비주얼 담당（ビジュオル タムダン）」になります。

[앗싸]
アッサ

第4章 コンサートを堪能する

[意味　やったー!!]

こんな時にピッタリ！

다음달 콘서트 올게요
(タウムダル コンソトゥ オルッケヨ)
来月コンサートに来ます

앗싸!!
(アッサ)
やったー!!

「やったー」とうれしくて叫びたくなるほどの喜びを表す言葉。「앗싸」は若者が使う定番の言い方として知られています。これ以外に「よっしゃ」の意味合いが強い「아싸(アッサ)」などをよく見かけます。

こっちも覚えよう

感情を表現する言葉の「最高」にも、「최고(チェゴ)」「제일(チェイル)」「짱(チャン)」「쩐다(チョンダ)」など色々あります。なかでも「ハンパない」という意味の「장난이 아니다(チャンナニ アニダ)」は覚えておきたい言葉です。

[다시 한번 반했어요]
タシ ハンボン パネッソヨ

[意味 **惚れ直したよ**]

👉 こんな時にピッタリ！

댄스 멋있었어요
(デンス モシッソッソヨ)
ダンス、カッコよかったね

다시 한번 반했어요
(タシ ハンボン パネッソヨ)
惚れ直したよ

「반하다(パナダ)」は、「異性や物を見て大変気に入る」という意味から、「惚れた」と訳すことができます。「첫눈에 반하다(チョンヌネ パナダ)」は「一目惚れする」という意味で使われるので要チェック。

📖 こっちも覚えよう

P80でも書きましたが「カッコイイ」を表現する言葉はたくさん。なかでも、「セクシー」なのは「섹끈하다(セックナダ)」、「彫りが深い」のは「조각같다(チョガクカッタ)」「高身長」なのは「기럭지(キロクチ)」と言います。

>>→ 使用例

ダンス、カッコよかったね

惚れ直したよ

第4章 コンサートを堪能する

다시 한번 반했어요

COLUMN
韓国アーティストのハング

アーティスト名	ハングル表記		ファンクラブ名
東方神起 【トウホウシンキ】	**동방신기** 【トンバンシンギ】	日本でも大人気の東方神起。ハングルの他に「TVXQ」と表記されることも	Cassiopeia （グローバル） Bigeast（日本）
SUPER JUNIOR 【スーパージュニア】	**슈퍼주니어** 【シュポジュニオ】	ユニットやソロで活躍しているメンバーも。「SJ」など略されることもある	E.L.F
BIGBANG 【ビッグバン】	**빅뱅** 【ピッペン】	「BB」と略されることもあるBIGBANG。公式ペンライトは王冠型が特徴	VIP
少女時代 【ショウジョジダイ】	**소녀시대** 【ソニョシデ】	「Girls' Generation」、「SNSD（ソニョシデのローマ字頭文字）」、「ソシ」などと呼ばれることも	S♡NE
SHINee 【シャイニー】	**샤이니** 【シャイニ】	グループカラーはパールアクアグリーン。前衛的なファッションにも注目が集まる	SHINee WORLD
INFINITE 【インフィニット】	**인피니트** 【インピニトゥ】	シンクロ率99.9%の代名詞をもつ一糸乱れぬダンスパフォーマンスに定評があるグループ	INSPIRIT
BEAST 【ビースト】	**비스트** 【ビスト】	2009年「BAD GIRL」で韓国でデビュー。その後、2011年「SHOCK」で日本デビュー	BEAUTY
KARA 【カラ】	**카라** 【カラ】	「Mr.」のヒップダンスでおなじみのKARA。DSPメディア所属	KAMILIA
CNBLUE 【シーエヌブルー】	**씨엔블루** 【シエンブル】	4ピースバンド。ヴォーカルのヨンファは『イケメンですね』をはじめ、多くのドラマにも出演	BOICE
FTISLAND 【エフティーアイランド】	**FT 아일랜드** 【エプティアイルレンドゥ】	バンド名はFive Treasure Islandの略。2010年に、シングル「Flower Rock」で日本デビュー	Primadonna
2NE1 【トゥエニィワン】	**투애니원** 【トゥエニウォン】	グループ名は21世紀の新しい進化の意味が込められている。グループカラーはホットピンク	BlackJack
Block B 【ブロックビー】	**블락비** 【ブラックビ】	メンバーみずからプロデュース、作詞作曲を手がける。2015年「Very Good」で日本デビュー	BBC
TEEN TOP 【ティーントップ】	**틴탑** 【ティンタプ】	神話のアンディが発掘したグループ。TOP MEDIA 所属	ANGEL
BTOB 【ビートゥービー】	**비투비** 【ビトゥビ】	BEASTらの後輩にあたる、CUBEエンターテインメントに所属。2012年「秘密(Insane)」でデビュー	MELODY
VIXX 【ヴィックス】	**빅스** 【ビクス】	カムバックのたびに独特のコンセプトでファンを驚かせているのでコンセプトドルなどと呼ばれている	STARLIGHT

ル表記

イベントのポスターや告知などでアーティスト表記がハングルの場合があるので、好きなアーティストのハングル表記は覚えておいて損なし！ファンクラブ会員向けのイベントなどもあるので要チェック。

アーティスト名	ハングル表記		ファンクラブ名
f(x)【エフエックス】	에프엑스【エプエクス】	多国籍メンバーで構成されたグループ。メンバーのクリスタルは元少女時代・ジェシカの妹	me(you)
T-ARA【ティアラ】	티아라【ティアラ】	グループ名は歌謡界の女王になって王冠を着けるという意味から。「Bo Peep Bo Peep」のねこダンスが話題に	Queen's
B.A.P【ビー・エイ・ピー】	비에이피【ビエイピ】	グループ名はBest、Absolute、Perfectな価値を追求するという意味が込められている	BABY
EXO【エクソ】	엑소【エクソ】	2012年に韓国と中国で同時デビュー。2015年に「Love Me Right ~ romantic universe ~」で日本デビュー	EXO-L
防弾少年團【ボウダンショウネンダン】	방탄소년단【バンタンソニョンダン】	グループ名は抑圧や偏見を止め、音楽を守りぬくという想いから。BTS、Bangtan Boysと表記されることも	ARMY
GOT7【ガットセブン】	갓세븐【ガッセブン】	JYPエンターテインメント所属。7人の多国籍メンバーで構成されている。アクロバティックなダンスが特徴	I GOT7
Apink【エーピンク】	에이핑크【エイピンク】	妖精をコンセプトにした清純なイメージのガールズグループ。2014年「NoNoNo」で日本デビュー	PINK PANDA
WINNER【ウィナー】	위너【ウィノ】	YG ENTERTAINMENTが企画したデビュープロジェクト『WIN:Who Is Next』で多くの票を集めデビュー	INNER CIRCLE
iKON【アイコン】	아이콘【アイコン】	グループ名は韓国の象徴になるようにとの意味から「ICON」と「KOREA」を組み合わせた言葉	iKONIC
UP10TION【アップテンション】	업텐션【オプテンション】	TOP MEDIA所属。TEENTOPの後輩にあたるグループ	HONEY10
Monsta X【モンスターエックス】	몬스타엑스【モンスタエクス】	Mnetのサバイバル番組「No.MERCY」からメンバーを決めた7人組ボーイズグループ	MONBEBE
CROSS GENE【クロスジン】	크로스진【クロスジン】	韓・中・日メンバーで構成されたボーイズグループ。2012年6月韓国デビュー	CROSS GENE ☆ PLANET
HALO【ヘイロー】	헤일로【ヘイルロ】	グループ名は、英語で後光、Hexagon of Absolute Light and the Organizationという意味が込められている	HALOVE
SEVENTEEN【セブンティーン】	세븐틴【セブンティン】	グループ名は13人のメンバー＋3つのチーム（ボーカル、ヒップホップ、パフォーマンス）＋1つのグループ＝17という意味から	CARAT
TWICE【トゥワイス】	트와이스【トゥワイス】	JYPエンターテインメント所属の9人組ガールズグループ。日本人メンバーが3名在籍	ONCE

第5章 SNSでつながる

韓国から帰ってきても、韓国のファンたちとアイドルの話をしていたい♥
そんな願いを叶えてくれるのがSNS。独自の表現もたくさんありますが、楽しく活用して、色んな情報をいち早くゲットしちゃいましょう!!

韓国のSNS事情

日本同様、「Twitter」「Instagram」を使っている人もいますが、
大人から子どもまで利用しているのは、「카톡（カトク）」の愛称で
知られている「カカオトーク」。「LINE」のようにスタンプを使ったチャットや
無料電話が楽しめるので、まずは ID を取っちゃいましょう。

アイドルの情報をゲットするために

1 「카톡（カトク）」で友だちとチャット

生放送の観覧は外国人だとなかなか入れないので、事前収録にかけるのが一番。ペンカフェやファンクラブの情報を細かくチェックして友だちと情報交換をしましょう。

2 ペンカフェに登録

事務所の許可を得ているアイドルの公式ファンサイト「팬카페（ペンカフェ）」はたくさんあります。ここでは、公式スケジュールを確認できるほか、「사녹（サノク）」や特別イベント開催日時の情報が満載。まずは、コミュニティサイトの「DAUM」や「NAVER」に登録！

3 ファンクラブに入会

韓国のライブにも参戦したい!!と思ったら、ファンクラブに入会しましょう。入会金が必要ですが、コンサートチケットが優先的に取れたり、限定グッズが買えたりと特典がいっぱい。ファンクラブイベントきっかけで知りあった友だちと濃厚な情報交換をしてみては。

4 「Twitter」「Instagram」でフォロー

直接情報をゲットできるので必ずチェック！大好きなアイドルのアカウントをフォローすると、アップされたプライベートな写真が見られたり、運が良ければリプがもらえることも。事務所やペンカフェのマスターなどのアカウントもフォローするのをお忘れなく。

SNSを利用して楽しいK-POPライフを!!

[ㅋㅋㅋ]
ククク

[意味]

w w w

こんな時にピッタリ！

예능 프로 봤어요?
(イェヌンプロ ボァッソヨ)
バラエティ番組見た？

ㅋㅋㅋ
(ククク)
ｗｗｗ

笑うときに使う略語。日本語で言うところの「ｗｗｗ」に近いです。もともとは笑い声の「ヨヨヨ(ククク)」という音からきています。「ㅋ」とひとつで使うよりも、何個か羅列することで"ウケる"状態を表します。

こっちも覚えよう

同じ笑い声を表現するものは、「ㅎㅎ(ハハハ)」、「ㅍㅍ(ブブッ)」、「ㅋㄷㅋㄷ(クックッ)」などバリエーションがたくさん。「ㅋㄷㅋㄷ」は一人でウケて押し殺した笑いのときに使いますが、やっぱり「ㅋㅋㅋ」をよく見かけます。

第5章 SNSでつながる

≫➡ 使用例

22:06

かっこよすぎて
写真何枚も
保存した！
22:07

ｗｗｗ
既読
22:09

ｺｺｺ

第5章 SNSでつながる

[ㅇㅇ] ウンウン

[意味] ウン

> こんな時にピッタリ！

콘서트 같이 보러 가요~
（コンソトゥ カッチ ポロ カヨ）
今度、一緒にコンサートに行こ~

ㅇㅇ
（ウンウン）
ウン

「응응(ウンウン)」の略語。「はい」や「えぇ」などの意味で、会話中の返事や発言を肯定したりするときに重宝します。年上の人には、さらにかしこまった表現の「예(イェ)」を使うことも。相槌をうつ感じで「ウンウン」と優しく言えばOKです。

[진짜!?] チンチャ

[意味] マジで！？

> こんな時にピッタリ！

서울에 가요!
（ソウレ カヨ）
ソウルへ行くよ！

진짜!?
（チンチャ）
マジで！？

「本当」「マジ」という意味の「진짜」。SNSでもよく見かけますが、実際の会話でも使っている人も多くログセになっている人もいるみたい。イラッとしたときの「マジでムカつくんだけど」にあたる「진짜 빡쳐!（チンチャ パクチョ）」も見かけたことがあるのでは？

第5章 SNSでつながる

[ㅅㄱ] スゴ

意味 おつかれ

☞ こんな時にピッタリ！

사녹 갔다왔어요！
(サノクカッタワッソヨ)
事前収録に行ってきたよ！

ㅅㄱ
(スゴ)
おつかれ

「苦労」という意味の「수고(スゴ)」を略した言葉。日本語だと友だち同士で使う「おつかれ」を略した「おつ～」に似ているかも。ちなみに、日常会話では「수고하세요(スゴハセヨ)」が一般的で、親しい仲だと「수고해(スゴへ)」を使います。

[ㅊㅋ] チュッカへ

意味 おめでとう

☞ こんな時にピッタリ！

티켓이 당첨됐어요！
(ティケシ タンチョム ドェッソヨ)
チケット当たった！

ㅊㅋ～
(チュッカへ)
おめでとう～

「おめでとう」の「축하해(チュカへ)」を略した文字。繰り返した「추카추카(チュカチュカ)」や、それをさらに省略した「ㅊㅋㅊㅋ」を使ってかわいらしく表現することも。その後ろに顔文字やスタンプを押すと気持ちが伝わりやすいですよ。

第5章 SNSでつながる

[ㅈㅅ] チェソン

[意味] ごめん

👉 こんな時にピッタリ！

집중하고 있었어요?
(チプチュンハゴ イッソッソヨ)
集中していた？

ㅈㅅ
(チェソン)
ごめん

「ごめんなさい」という意味の「죄송해요(チェソンヘヨ)」の「陳謝」にあたる「죄송(チェソン)」を略した用語。テンションが高い人だと、「ごめん」の意味の「미안해(ミアネ)」を使って「미안해애애애애」とする人も。

✏️ こっちも覚えよう

「ㅈㅅ」と謝ったあとに顔文字をつけるのが韓国女子の定番。「ㅠㅅㅠ」「ㅠㅠ」あたりは泣き顔を表現していてよく見かけます。韓国の顔文字は、ハングルを使ったものが多いのが特徴で、バラエティ番組にもよく登場しています。

[ㄴㄴ]
ノー

[意味]

ノー

👉 こんな時にピッタリ！

> 낼 만나자~
> (ネル マンナジャ)
> 明日、会おうよ～

> ㄴㄴ
> (ノノ)
> ノー

「NO, NO」の「노노(ノノ)」を略した文字。「ㅇㅋ」と同様、昔からネット上でよく見られている言葉です。また、「낼 만나자」で使われている「낼」は、「明日」の意味の「내일(ネイル)」を略した語。こちらは、若者たちのSNSでよく見かけます。

[ㅇㅋ]
オケ

[意味]

オッケー

👉 こんな時にピッタリ！

> 이따가 보톡하자!!
> (イッタガ ポトカジャ)
> あとでボイストークしよう!!

> ㅇㅋ
> (オケ)
> オッケー

「OK」の「오케이(オケイ)」を略した文字。結構古くから使われていて、ネット社会ではかなり浸透しています。ちなみに「보톡(ポトク)」とはカカオトークなどの「보이스톡(ボイストーク)」のこと。無料で会話できるので、大人気です。

第5章 SNSでつながる

第5章 SNSでつながる

[안구정화]
アングジョンファ

[意味 目の保養だね♡]

👉 こんな時にピッタリ！

이걸 봐
（イゴル ボァ）
これ見て

안구정화♡
（アングジョンファ）
目の保養だね♡

直訳すると「眼球浄化」になるこの言葉。「目の保養」という意味があり、カッコいい男性や女性の画像や映像を見たときによく使われます。「美男美女カップル」のことを、「커플（カプル）」を後ろにつけて「안구정화 커플」と使ったりします。

[웃픈]
ウップン

[意味 笑えるけど悲しいわ]

👉 こんな時にピッタリ！

그 포즈…
（ク ポーズ）
あのポーズ…

웃픈
（ウップン）
笑えるけど悲しいわ

「웃픈」は、「笑わせる」の「웃기다（ウッキダ）」と「悲しい」の「슬프다（スルプダ）」を合わせた言葉。「面白いけれど笑えない」「笑えるけれど悲しい」のような、複雑な心境を表します。基本、ネット上で使いますが、会話だと「웃퍼（ウッポ）」になります。

[생얼셀카 공개]
センオルセルカ コンゲ

第5章 SNSでつながる

[意味 スッピン自撮り写真を公開]

👉 こんな時にピッタリ！

생얼셀카 공개~
（センオルセルカ コンゲ）
スッピン自撮り写真を公開~

귀엽잖아!!
（クィヨプチャナ）
カワイイじゃん!!

「생얼」は、「生」の意味の「생（セン）」と「顔」の「얼굴（オルグル）」を合わせた言葉で、化粧をしていない「スッピン」のことを指します。 민낯（ミンナッ）も同じ意味ですが、若者は断然「생얼」を使います。

📖 こっちも覚えよう

最近流行っているのが、アイドルたちの自撮りスッピン写真「생얼셀카」。そんな写真を見たら、「スッピンもすっごくカワイイね」の「생얼도 너무너무 예쁘네（センオルドノムノム イェップネ）」とメッセージを送りましょう！

[ㄱㅅ]

カムサ

[意味 サンキュー]

👉 こんな時にピッタリ！

최근 티저다!
(チェグン ティジョダ)
最新ティザーだよ！

ㄱㅅ
(カムサ)
サンキュー

「ありがとう」の「감사」の略語。SNSでは、「Thank you」をハングルにした「땡큐(テンキュ)」と「ㄱㅅ」をよく使います。「ㄱㅅ」の方が書きやすいですが、基本、友だち以外だと失礼になるので注意しましょう。

📝 こっちも覚えよう

新曲発売前に公開される短い映像の「티저」がアップされると、活動期間である「컴백(コムベック)」に入ります。こうなると、「컴백스테이지(コムベック ステイジ)」を見るためSNSを使った情報戦が始まります。

➤ 使用例

第5章 SNSでつながる

最新ティザーだよ！ 23:21

既読 23:24 サンキュー

23:20

第5章 SNSでつながる

[간지남]
カンジナム

[意味]
イケてる男性

👉 こんな時にピッタリ！

> 이 사진의 사람…
> (イ サジネ サラム)
> この写真の人…

> 간지남!!
> (カンジナム)
> イケてる男性!!

イケメンでオシャレな男性のことを指すホメ言葉。女性だと、スタイル抜群という意味も入ってきて「간지녀(カンジニョ)」になります。韓国には「男」の「남(ナム)」がついた造語がたくさんあり、「イケメン」の「미남(ミナム)」もそのひとつ。

[물론…훈남]
ムルロン…フンナム

[意味]
もちろん…癒し系!!

👉 こんな時にピッタリ！

> 어떤 남자가 이상형?
> (オットン ナムジャガ イサンヒョン)
> どんな男性がタイプ？

> 물론…훈남!!
> (ムルロン…フンナム)
> もちろん…癒し系!!

「훈남」は、今人気の温かい雰囲気がある癒し系の男性のことを言います。これは「温かい」という意味の「훈훈한(フヌナン)」と「男性」の「남자(ナムジャ)」を合わせてつくった言葉。女性の癒し系の場合は、「훈녀(フンニョ)」と言います。

[대세남 특집]
テセナム トゥクチプ

第5章 SNSでつながる

[意味 **大人気男性スター特集**]

👉 こんな時にピッタリ！

> 대세남 특집♡
> (テセナム トゥクチプ)
> 大人気男性スター特集♡

> 완전 멋있다
> (ワンジョン モシッタ)
> すっごくカッコいい

「대세남」は、「流行」や「超人気」などの意味の「대세(テセ)」と「남」が合わさった言葉で、「今、勢いのある男性」という意味になります。とくにアイドルの場合は、「대세돌(テセドル)」と言われます。

✏️ こっちも覚えよう

タレントの呼び方も様々です。「アイドル」は「아이돌(アイドル)」、「俳優」は「남우(ナム)」、「女優」は「여우(ヨウ)」、「芸人」は「개그맨(ケグメン)」、「一発屋」は「반짝스타(パンッチャクスタ)」なんて呼ばれています。

127

第5章 SNSでつながる

[남친 필요해요?]
ナムチン ピリョヘヨ

[意味] 彼氏欲しい？

☞ こんな時にピッタリ！

- 남친 필요해요?
  (ナムチン ピリョヘヨ)
  彼氏欲しい？

- 연하 남친이 좋아요~
  (ヨナ ナムチニ チョアヨ)
  年下彼氏がいいなぁ～

「남친」は「彼氏」のことで、「남자친구(ナムジャチング)」の略。ネット上だけではなく日常生活でも意外と使われている言葉です。「연상 남친(ヨンサン ナムチン)」は「年上彼氏」、「예전 남친(イェジョン ナムチン)」は「元カレ」のことです。

[여친 있어요?]
ヨチン イッソヨ

[意味] 彼女いるのかな？

☞ こんな時にピッタリ！

- 여친 있어요?
  (ヨチン イッソヨ)
  彼女いるのかな？

- 알다가 모르겠다
  (アルダガ モルゲッタ)
  さっぱりわからない

「여친」は「彼女」のことで、「남여자친구(ヨジャチング)」の略。「남친」同様、ネット上だけではなく日常生活でも意外と使われています。「연상 여친(ヨンサン ヨチン)」は「年上彼女」、「예전 여친(イェジョン ヨチン)」は「元カノ」のことです。

[악플 봤어]
アクプル ボァッソ

[意味] **悪質コメント見ちゃった**

👉 こんな時にピッタリ！

> 악플 봤어
> (アクプル ボァッソ)
> 悪質コメント見ちゃった

> 최악…
> (チェアク)
> 最悪…

ネット上の「コメント」や「レス」を「댓글(テックル)」と言います。その中でも問題なのが「悪質なコメント」の「악플」。こういうコメントを書く人たちのことを「악플러(アクプルロ)」と呼びます。どんなことを書かれても気にしないことが一番です。

第5章 SNSでつながる

[디스하지 마]
ディスハジマ

[意味] **ディスらないでよ！**

👉 こんな時にピッタリ！

> 디스하지 마!
> (ディスハジマ)
> ディスらないでよ！

> 괜찮아!
> (ケンチャナ)
> ドンマイ！

「디스」は否定を意味する「ディスリスペクト」からきた言葉で、日本語と同じように使われます。SNSでは、「ディスられた…」の「디스 당했어…(ディス ダンヘッソ)」や、「自虐ネタにする」の意味の「셀프디스(セルプディス)」を見かけます。

第5章 SNSでつながる

[짤줍]
チャルチュプ

[意味 **ネットで拾った画像だよ**]

👉 こんな時にピッタリ！

이 사진 처음 봤어요
（イ サジン チョウム ボァッソヨ）
この写真初めて見た

짤줍
（チャルチュプ）
ネットで拾った画像だよ

ネットで上がっている画像をダウンロードして拾ってくることを指す言葉。対して、カメラなどで「直接撮った写真」のことは「직찍（チクッチク）」と言います。韓国はネット社会なので「짤줍」が多く出回っていますよ。

📝 こっちも覚えよう

略語を使ったネット用語もたくさん。「홈피（ホムピ）」は「ホームページ」、「페북（ペブク）」は「Facebook」、「탐라（タムラ）」は「タイムライン」を略したものです。わかりにくい言葉は「뭐예요?（ムォエヨ）」と聞いちゃいましょう。

第5章 SNSでつながる

[내일은 불금]
ネイルン プルグム

[意味]
明日は花金♪

👉 こんな時にピッタリ！

- 내일은 불금♪
  (ネイルン プルグム)
  明日は花金♪

- 쇼케이스에 가 볼까~
  (ショケイスエ カ ボルッカ)
  ショーケースに行こっかな~

日本同様、土日休みの人が多い韓国では金曜日はテンションが上がる日。「불금」は直訳すると「燃え上がる金曜日」となり、いわゆる「花の金曜日」になります。ちなみに土曜日は、「楽しい土曜日」の意味の「즐토(チュルト)」と言います。

[생파에 가고 싶다]
センパエ カゴ シプタ

[意味]
誕生パーティーに行きたい！

👉 こんな時にピッタリ！

- 생파에 가고 싶다!
  (センパエ カゴ シプタ)
  誕生パーティーに行きたい！

- 누가 와요?
  (ヌガ ワヨ)
  誰が来るんだろう？

「誕生パーティー」の「생일 파티(センイルパティ)」を略した「생파(センパ)」。友だち同士の会話やSNS上でよく飛び交っている言葉です。芸能人の「생파」は盛り上がるので、SNSに写真がアップされるのを楽しみにしている人が多いです。

第5章 SNSでつながる

[막내 덕후네요]
マンネ トクネヨ

[意味 **マンネのオタク**]

👉 こんな時にピッタリ!

막내 귀여웠어요♡
(マンネ クィヨウォッソヨ)
マンネかわいかった♡

막내 덕후네요~
(マンネ トクネヨ)
マンネのオタク~

「オタク」は「덕후(トクフ)」と言います。「オタク女子」のことを「오덕녀(オドンニョ)」と表現するなど、近年、オタクが浸透してきているよう。オタクであることをカミングアウトすることは、「덕밍아웃(トンミンアウッ)」と言います。

[팬미 가고 싶어요]
ペンミ カゴ シポヨ

[意味 **ファンミに行きたい!!**]

👉 こんな時にピッタリ!

팬미 가고 싶어요!!
(ペンミ カゴ シポヨ)
ファンミに行きたい!!

꼭 가요~
(ッコク カヨ)
絶対行こ~

「팬미」はファンとの交流会であるファンミのこと。「팬(ペン)」はもちろん「ファン」の意味。「ファンクラブ」は「팬클럽(ペンクルロプ)」、「ファンサイト」は「팬카페(ペンカペ)」、「熱狂的なファン」だと、「골수팬(コルスペン)」と言います。

第5章 SNSでつながる

[내일 봐요~ㅂㅂ]
ネイル ボァヨ バイバイ

[意味 明日ね〜バイバイ]

👉 こんな時にピッタリ！

> 이제 자요
> (イジェ チャヨ)
> もう寝るね

> 내일 봐요~ㅂㅂ
> (ネイル ボァヨ バイバイ)
> 明日ね〜バイバイ

「ㅂㅂ」は、「바이바이(バイバイ)」から生まれたSNSでよく使われる言葉。これ以外にも「ㅃㅃ」「ㅂ2」や「ㅂㅇ」などがあります。また、チャットだと「じゃあね」の意味で「뿅(ピョン)」を使う人もいます。

✏️ こっちも覚えよう

「おやすみなさい」の言い方もたくさんあります。定番は「잘 자요(チャル ジャヨ)」ですが、最近は、「おやすみ、楽しく寝よう」にあたる「즐잠(チュルチャム)」、「グッドナイト」の略語「굿밤(グッパム)」あたりが流行中。

COLUMN 覚えておくと便利！ SNSでよく見か

ハングル	読み方	意味
글쎄	クルセ	「さぁ（どうなんだろう?）」など明確な答えを出さないときに使用
아놔	アヌァ	がっかりしたときについ出る「はぁ〜」。ネガティブな意味を含む
와우	ワウ	うれしいときや苦しいときについ出ちゃう「WOW！」のこと
헉	ホク	「ヒャッ」「エッ〜」など驚いたり恐れたりするときに使用
ㅎㄷㄷ	フドゥルドゥル	感動して震えているときなどに使用。「ㄷㄷ」や「후덜덜」と書くことも
쯧쯧	チュッチュッ	「チッチッ」と不満がある時に使う舌打ち。「ㅉㅉ」と略す
헐	ホル	日本語で「えぇ…」「え!?」「は〜!」に近い意味で使用
왜?	ウェ	「なぜ?」「どうして?」の意味。「ㅇ?」と書くことが多い
왤케	ウェルケ	「なぜこんなに?」の「왜 이렇게（ウェ イロッケ）」の略
ㅇㄷ	オディ	場所を聞くときの「どこ?」の意味。어디（オディ）の略語
꾸벅	クボク	「ぺこり」など頭を下げる音を表現。「お願いします！」の意味に
데헷	テヘッ	カワイイふりをしたり、失敗を紛らわすときにつかう「テヘッ」のこと
안냐세엽	アンニャセヨプ	チャットで「こんにちは」の意味として使用。「안냐셈」と書くことも
강추	カンチュ	「激しくオススメ」や「イチ押し」の意味。反対は「비추（ピチュ）」
기가 막혀	キガ マッキョ	「飽きれた」など驚きでなにも言えないときに使う言葉
이불킥	イブルキッ	昔のことを思い出して恥ずかしい!!と思うこと
강친	キャンチン	恋人とかではないただの友だちのこと。「캉」と略す
베프	ペプ	「親友」の意味の「베스트프렌드（ベストゥプレンドゥ）」の略
반모	パンモ	「반말모드（パンマルモードゥ）」の略で「タメロ」のこと
쓰담쓰담	スダムスダム	頭をなでなでする動作のこと。いいことを言ったときに使用

けѐ用語

SNSをしていると教科書には載っていない言葉がいっぱい！
全部覚える必要はありませんが、知っていると便利な言葉を集めちゃいました。これらの用語を使って最新の話題で盛り上がろう♪

ハングル	読み方	意味
츤데레	チュンデレ	「ツンデレ」のこと。「츈츈（チュンチュン）」、「데레데레（テレデレ）」も使われる
짐	チム	「今」という意味の「지금（チグム）」の略。SNSでよく使う
읽씹	イクシプ	SNSやLINEなどで見かける「既読スルー」のこと
카톡	カトク	「카카오톡（カカオトーク）」の略。個人トークは「갠톡（ケントク）」と言う
낄끼빠빠	キルキパッパ	「場の空気を読んで」「むやみに話に入らないで」という意味で使用
역대급	ヨクテグプ	「今までにない」「歴代最高（最低）」などの意味として使われる
쩔어	チョロ	「ヤバい」「ハンパない」という意味で使われる言葉
공항패션	コンハンペション	アーティストたちの「空港ファッション」のこと
B컷	ビコッ	紙面、ポスターなどに採用されていない「アザーカット」のこと
완전체	ワンジョンチェ	メンバー全員そろっているときの「完全体」という意味で使用
개인기	ケインギ	「得意技」や「かくし芸」などの意味で使用。バラエティ番組でよく登場
포스	ポス	「オーラ」のこと。「연예인 포스（ヨネイン ポス）」で「芸能人オーラ」と言う
조공	チョゴン	ファンがアイドルたちに贈る「プレゼント」や「貢物」の意味で使われる
사재기	サジェギ	「買い占め」のこと。ランキング操作のためにこれが行われることも
백치미	ペクチミ	憎めない魅力の「天然」や「おバカキャラ」の人のこと
울보	ウルボ	「泣き虫」の人のこと。男女両方に使われます
발연기	パルヨンギ	演技が下手な「大根役者」のこと
셀기꾼	セルギックン	自撮り「셀카（セルカ）」が上手すぎる人のこと
인생짤	インセンチャル	人生に一度あるかないかくらい「最高に写りのいい写真」のこと
뽀샵	ポシャップ	Photoshopなどソフトを利用して「修正した写真」のこと

カナ文字ハングル対照表

ハングルをカタカナの五十音に当てはめた表。これがあれば、自分の名前も書けるようになるっ!!

※2文字ある場合は、左側は語頭、右側は語中・語末に使用

ア	イ	ウ	エ	オ
아	이	우	에	오

カ	キ	ク	ケ	コ
가/카	기/키	구/쿠	게/케	고/코

サ	シ	ス	セ	ソ
사	시	스	세	소

タ	チ	ツ	テ	ト
다/타	지/치	쓰	데/테	도/토

ナ	ニ	ヌ	ネ	ノ
나	니	누	네	노

ハ	ヒ	フ	ヘ	ホ
하	히	후	헤	호

マ	ミ	ム	メ	モ
마	미	무	메	모

ヤ		ユ		ヨ
야		유		요

ラ	リ	ル	レ	ロ
라	리	루	레	로

ワ				ヲ
와				오

ッ	ン
ㅅ	ㄴ

ガ	ギ	グ	ゲ	ゴ
가	기	구	게	고

ザ	ジ	ズ	ゼ	ゾ
자	지	즈	제	조

ダ	ヂ	ヅ	デ	ド
다	지	즈	데	도

バ	ビ	ブ	ベ	ボ
바	비	부	베	보

パ	ピ	プ	ペ	ポ
파	피	푸	페	포

ジャ	ジュ	ジョ
자	주	조

キャ	キュ	キョ
갸/캬	규/큐	교/쿄

チャ	チュ	チョ
차	추	초

ギャ	ギュ	ギョ
갸	규	교

ニャ	ニュ	ニョ
냐	뉴	뇨

シャ	シュ	ショ
샤	슈	쇼

ヒャ	ヒュ	ヒョ
햐	휴	효

ビャ	ビュ	ビョ
뱌	뷰	뵤

ピャ	ピュ	ピョ
퍄	퓨	표

ミャ	ミュ	ミョ
먀	뮤	묘

リャ	リュ	リョ
랴	류	료

♥ スマホでハングルを使ってみよう!!

スマホでハングルを使ってみよう!!

ㅂ	ㅈ	ㄷ	ㄱ	ㅅ	ㅛ	ㅕ	ㅑ	ㅐ	ㅔ
ㅁ	ㄴ	ㅇ	ㄹ	ㅎ	ㅗ	ㅓ	ㅏ	ㅣ	
⇧	ㅋ	ㅌ	ㅊ	ㅍ	ㅠ	ㅜ	ㅡ	⌫	
123	🌐	🎤	간격					다음문장	

☞ スマホで設定

■ iPhone ■

❶「設定」から「一般」を選択
❷「キーボード」をタップし、「キーボード」を選択
❸「新しいキーボードを追加」をタップして、「韓国語」を選択して終了

■ Android ■

❶ Android マーケットから「Google Korean IME」を検索しインストール(無料)
❷ ホーム画面の「設定」から「言語とキーボード」を選択
❸ リストの中に「Google Korean keyboard」があるのでチェックを入れ「OK」をタップして終了
(機種によって多少の違いがあります)

※ㅃ・ㅉのような「濃音」やㅐ・ㅔは左端の「↑」をタップすると表示されます。

これで韓国の友だちと最新情報を交換できる!!

→ 日本語から調べてみよう 索引

あ

日本語	韓国語	読み	ページ
空いています	없어요	(オプソヨ)	45
IDを教えてください	ID 가르쳐 주세요	(アイディ ガルチョジュセヨ)	58
会えてうれしいです	만나서 기뻐요	(マンナソ キッポヨ)	18
会えてうれしいです	만나서 반가워요	(マンナソ パンガウォヨ)	85
会えてどうだった?	만나서 어땠어요?	(マンナソ オッテッソヨ)	84
悪質コメント見ちゃった	악플 봤어	(アクプル ボァッソ)	129
握手してください!!	악수해 주세요!!	(アクスヘ ジュセヨ)	78
明日ね~バイバイ	내일 봐요~ㅂㅂ	(ネイル ボァヨ バイバイ)	133
明日、会おうよ~	낼 만나자~	(ネル マンナジャ)	121
明日は花金♪	내일은 불금♪	(ネイルン プルグム)	131
温か~いコーヒーが飲みたい	따뜻한 커피 마시고 싶어요	(タットゥタンコピ マシゴシポヨ)	50
暑くて汗が止まりません	더워서 땀이 자꾸 나요	(トウォ サ タミ チャクナヨ)	50
あとでボイストークしよう!!	이따가 보톡하자!!	(イッタガ ボトカジャ)	121
あのポーズ…	그 포즈…	(ク ポーズ)	122
ありがとう	고마워요	(コマウォヨ)	16,70,84
ありがとう	땡큐	(テンキュ)	87
ありがとうございます	감사합니다	(カムサハムニダ)	34
いいえ	아뇨	(アニョ)	19
いいですよ	좋아요	(チョアヨ)	49
イイネ!	좋아요!	(チョアヨ)	103
いくらですか?	얼마예요?	(オルマエヨ)	30
イケてる男性!!	간지남!!	(カンジナム)	126
イケてるね~	죽인다~	(チュギンダ)	102
1、2、3!	하나 둘 셋!	(ハナ トゥル セッ)	74
1人前ですか?	일인분입니까?	(イリンブンニッカ)	24
1万ウォンです	만 원입니다	(マヌォニムニダ)	22,29
いつからファンですか?	언제부터 팬이에요?	(オンジェブト ペニエヨ)	51
一緒に行こうか?	같이 가요?	(カッチ カヨ)	34
一緒に写真を撮っていいですか?	같이 사진 찍어도 돼요?	(カッチ サジン ッチゴド ドェヨ)	74
一緒に食べよう	같이 먹어요	(カッチ モゴヨ)	28
一緒にハートマークをつくってください	함께 하트 만들어 주세요	(ハムッケ ハトゥ マンドゥロジュセヨ)	76
うれしいです	기뻐요	(キッポヨ)	20
ウン	ㅇㅇ	(ウンウン)	118
EXOの日本人ファンです	엑소 일본팬이에요	(エクソ イルボンペニエヨ)	42
おいしい!	맛있어요	(マシッソヨ)	26
応援してくれてありがとう	응원해 줘서 고마워요	(ウンウォネジョソ コマウォヨ)	78
お会計をお願いします	계산 부탁해요	(ケーサン ブタケヨ)	28
オススメ商品です	추천상품입니다	(チュチョンサンブミムニダ)	30
遅すぎる!!	늦었어요!!	(ヌジョッソヨ)	61
おつかれ	ㅅㄱ	(スゴ)	119
オッケー	ㅇㅋ	(オケ)	121
同い年だよ	동갑이네요	(トンガビネヨ)	56,90
お腹すいた~	배고파요~	(ペゴパヨ)	25
同じものをください	같은 것으로 주세요	(カットゥン ゴスロ ジュセヨ)	24
お願いします	잘 부탁해요	(チャル ブタケヨ)	34
おばさん、お姉さん	아줌마、아가씨	(アジュンマ、アガシ)	32
お待たせ	많이 기다렸죠?	(マニ キダリョッチョ)	61
おめでとう	ㅊㅋ	(チュッカヘ)	119

か

日本語	韓国語	読み	ページ
カカ友になりましょう	카톡 친구해요	(カトク チングヘヨ)	58
カッコよすぎる~	너무 멋있다~	(ノム モシッタ)	88
彼女いるのかな?	여친 있어요?	(ヨチン イッソヨ)	128
壁ドンしてください	벽치기 해 주세요	(ビョクチギ ヘ ジュセヨ)	79
彼氏いますか?	남자친구 있어요?	(ナムジャチング イッソヨ)	19
彼はいくつなんだろう?	그는 몇 살이세요?	(クヌン ミョッサリセヨ)	90
彼氏欲しい?	남친 필요해요?	(ナムチン ピリョヘヨ)	128
カワイイ	귀여워요	(キヨウォヨ)	82
カワイイじゃん!!	귀엽잖아	(クィヨプチャナ)	123

日本語	한국어	読み	ページ
がんばって！	화이팅!	(ファイティン)	84
キツイね〜	빡세다〜	(パクセダ)	60
キャ〜！カッコイイ!!	꺄아〜! 멋있어요!!	(キャ〜 モシッソヨ)	80
今日は本当に寒すぎます!!	오늘 정말 너무 추워요!!	(オヌル チョンマル ノム チュウォヨ)	50
今日もカッコよかった〜	오늘도 멋있었어요〜	(オヌルド モシッソッソヨ)	57
今日も暑いです！	오늘도 더워요!	(オヌルド トウォヨ)	50
緊張するね	긴장돼요	(キンジャンデヨ)	80
キンパを食べよう	김밥 먹어요	(キンパ モゴヨ)	25
K-POPがすごく好きですか？	케이팝 아주 좋아해요?	(ケイパプ アジュ ジョアヘヨ)	19
コール覚えたよ	응원법 배웠어요	(ウォンウォンポプ ペウォッソヨ)	103
ここ空いています？	자리 있어요?	(チャリ イッソヨ)	45
ここから近いですか	여기서 가까워요	(ヨギソ カッカウォヨ)	36
この曲はなんですか？	이 곡은 뭐예요?	(イ コグン ムォエヨ)	108
この写真の人…	이 사진의 사람…	(イ サジネ サラム)	126
この写真初めて見た	이 사진 처음 봤어요	(イ サジン チョウム ポァッソヨ)	130
このTシャツください	이 티셔츠 주세요	(イ ティショツ ジュセヨ)	107
この荷物をちょっと見ていてください	이 짐 좀 봐 주세요	(イ ジム チョンボァジュセヨ)	49
ごはん食べました？	밥 먹었어요?	(パンモゴッソヨ)	25
ごめん	ㅈㅅ	(チェソン)	120
ごめんなさい	미안합니다	(ミアナムニダ)	21
これからも応援します！	앞으로도 응원할게요!	(アプロド ウンウォナルッケヨ)	72
これください	이거 주세요	(イゴ ジュセヨ)	22,107
これはトッポキよ	이거 떡볶이예요	(イゴ トッポキエヨ)	26
これはペンライトです	이거 야광봉이에요	(イゴ ヤグァンボンイエヨ)	106
これは私のCDです	이건 제 CD 예요	(イゴン チェ シディエヨ)	21
これ見て	이걸 봐	(イゴル ボァ)	122
これもらってください	이걸 받아 주세요	(イゴ パダ ジュセヨ)	87
コンサート会場へ行きたいんですが…	콘서트회장에 가고 싶어요…	(コンソトゥフェジャンエ カゴ シボヨ)	36
コンサートに行きますか？	콘서트에 가요?	(コンソトゥエ ガヨ)	57
コンサートに行きますよ	콘서트에 갈게요!	(コンソトゥエ カルッケヨ)	86
今度、一緒にコンサートに行こ〜	콘서트 같이 보러 가요〜	(コンソトゥ カッチ ポロ カヨ)	118
今度、日本でコンサートします	이번에 일본에서 콘서트 해요	(イボネ イルボネソ コンソトゥヘヨ)	72
こんにちは	안녕하세요?	(アンニョンハセヨ)	18

さ

日本語	한국어	読み	ページ
最悪…	최악…	(チェアク)	129
最高〜	최고〜	(チェゴ)	82
最新ティザーだよ！	최근 티저다!	(チェグン ティジョダ)	124
サイズはどうしますか？	사이즈가 어떻게 돼요?	(サイズガ オットケ ドェヨ)	107
さっき、メールで送りました！	아까 메일로 보냈어요!	(アッカ メイルロ ポネッソヨ)	48
さっぱりわからない	알다가 모르겠다	(アルダガ モルゲッタ)	128
サンキュー	ㄱㅅ	(カムサ)	124
事前収録があります	사녹 있어요	(サノク イッソヨ)	52
事前収録に行ってきたよ！	사녹 갔다왔어요!	(サノク カッタワッソヨ)	119
10時に集合です	10시에 모여요	(ヨルシエ モヨヨ)	44
集中していた？	집중하고 있었어요?	(チプチュンハゴ イッソッソヨ)	120
ショーケースに行こっかな〜	쇼케이스 에 가 볼까나〜	(ショイケス エ カ ポルッカ)	131
新曲聞いた？	신곡 들었어요?	(シンゴク トゥロッソヨ)	103
新曲も聞いてね!!	신곡도 들어 주세요!!	(シンゴクト トゥロ ジュセヨ)	72
新曲を毎日聞いています	신곡 매일 듣고 있어요	(シンゴク メイル トゥッコ イッソヨ)	91
新発売のグッズですね	새로 나온 상품이네요	(セロナオン サンプミネヨ)	102
好きな曲を教えてください	좋아하는 곡 가르쳐 주세요	(チョアハヌン ゴク カルチョジュセヨ)	91
好きな言葉を教えてください	좋아하는 말 가르쳐 주세요	(チョアハヌン マル カルチョジュセヨ)	90
すっごくカッコいい	완전 멋있다	(ワンジョン モシッタ)	127
ずっと応援します	쭉 응원할게요	(チュク ウンウォナルッケヨ)	87
スッピン自撮り写真を公開〜	생얼셀카 공개〜	(センオルセルカ コンゲ)	123
セクシーだった	섹시했어요	(セクシ ヘッソヨ)	84
絶対行こ〜	꼭 가요〜	(ッコク カヨ)	132
絶対、コンサートに行きますね	콘서트에 꼭 갈게요	(コンソトゥエ ッコク カルッケヨ)	72

日本語	한국어	読み	ページ
絶対だよ	꼭이야	(コギャ)	86
ソウルへ行くよ！	서울에 가요!	(ソウレ カヨ)	118
その話はガセですよ	그 이야기는 뻥이에요	(ク イヤギヌン ッポンイエヨ)	60

た

日本語	한국어	読み	ページ
大事に使うよ	잘 쓸게요	(チャル スルッケヨ)	87
大人気男性スター特集♡	대세남 특집♡	(テセナム トゥクチプ)	127
大ファンです	광팬이에요	(クゥンペニエヨ)	70
タオルゲット!!	타월 득템!!	(タウォル ドゥクテム)	104
タクシー乗り場です	택시타는곳요	(テクシタヌンゴンニョ)	35
タクシーはどこで乗れますか?	택시 어디서 타요?	(テクシ オディソ タヨ)	35
楽しい時間は終わった…	즐거운 시간은 끝났어…	(チョルゴウン シガヌン ックンナッソ)	92
誰が来るんだろう?	누가 와요?	(ヌガ ワヨ)	131
誰が出演するの?	누가 나와요?	(ヌガ ナワヨ)	52
誰のイベントですか?	누구 이벤트입니까?	(ヌグ イベントゥ イムニッカ)	21
誰のファンですか?	누구 팬이에요?	(ヌグ ペニエヨ)	42
誕生パーティーに行きたい!	생파에 가고 싶다!	(センパエ カゴ シプタ)	131
ダンス、カッコよかったね	댄스 멋있었어요	(デンス モシッソッソヨ)	110
チケット当たった!	티켓이 당첨됐어요!	(ティケシ タンチョム ドェッソヨ)	119
チケット落ちましたよ	티켓 떨어졌네요	(ティケッ トロジョンネヨ)	16
超クール!!	완전 쿨하다!!	(ワンジョン クーラダ)	103
ちょっとまけてください	좀 깎아 주세요	(チョム カッカ ジュセヨ)	29
ちょっと待って〜	잠깐만요〜	(チャムカンマンニョ)	61
ディスらないでよ!	디스하지 마!	(ディスハジマ)	129
デビューしたときから好きです	데뷔했을 때부터 좋아해요	(テビュヘッスル テプト チョアヘヨ)	51
トイレはどこですか?	화장실 어디예요?	(ファジャンシル オディエヨ)	49
どういたしまして	천만에요	(チョンマネヨ)	34
どこから来たの?	어디서 왔어요?	(オディソ ワッソヨ)	86
どこで買ったの?	어디서 샀어요?	(オディソ サッソヨ)	104
どこにあります?	어디에 있어요?	(オディエ イッソヨ)	45
年下彼氏がいいな〜	연하 남친이 좋아요〜	(ヨナ ナムチニ チョアヨ)	128
どっちがいいですか?	어느 쪽이 좋아요?	(オヌ ッチョギ ジョアヨ)	107
トッポキ食べたいです	떡볶이 먹고 싶어요	(トッポキ モッコシポヨ)	25
友だちになろう!!	우리 친구해요!!	(ウリ チングヘヨ)	56
努力は絶対裏切らない	노력은 절대 배신하지 않는다	(ノリョグン チョルテ ペシナジ アンヌンダ)	90
どんな男性がタイプ?	어떤 남자가 이상형?	(オットン ナムジャガ イサンヒョン)	126
どんなポーズにする?	어떤 포즈가 좋아요?	(オットン ポーズガ ジョアヨ)	76
ドンマイ!	괜찮아!	(ケンチャナ)	129

な

日本語	한국어	読み	ページ
何にしますか?	뭐 드릴까요?	(ムォ トゥリルッカヨ)	24
何をお願いする?	뭘 부탁해요?	(ムォル プタケヨ)	79
名前はなんですか?	이름이 뭐예요?	(イルミ ムォエヨ)	54
涙を拭いてください	눈물 닦으세요	(ヌンムル タックセヨ)	85
何時から集合しますか?	몇 시에 모여요?	(ミョッシエ モヨヨ)	44
何番ですか?	몇 번이에요?	(ミョッポニエヨ)	63
何枚のチケットが必要ですか?	티켓은 몇 장 필요하세요?	(ティケスン ミョッ チャン ピリョハセヨ)	100
日本から来ました	일본에서 왔어요	(イルボネソ ワッソヨ)	86
日本語のメニューありますか?	일본어 메뉴 있어요?	(イルボノ メニュ イッソヨ)	24
日本にも来てください!	일본에도 오세요!	(イルボネド オセヨ)	73
2枚ください	두 장 부탁해요	(トゥジャン プタケヨ)	100
ネットで拾った画像だよ	짤줍	(チャルチュプ)	130
ノー	ㄴㄴ	(ノノ)	121

は

日本語	한국어	読み	ページ
はい	네	(ネ)	19
ハグしてください♥	허그해 주세요♥	(ホグヘ ジュセヨ)	78

早く早く	빨리빨리	(パルリッパルリ)	61
バラエティ番組見た?	예능 프로 봤어요?	(イェヌン プロ ボァッソヨ)	116
美人ですね	미인이네요	(ミイニネヨ)	20
1人で来ました	혼자 왔어요	(ホンジャ ワッソヨ)	54
ファンミに行きたい!!	팬미 가고 싶어요 !!	(ペンミ カゴ シポヨ)	132
別の色はありませんか?	다른 색깔은 없어요?	(タルン セッカルン オプソヨ)	106
惚れ直したよ	다시 한번 반했어요	(タシハンボン パネッソヨ)	110

ま

マジで!?	진짜 !?	(チンチャ)	118
またね	또 만나요	(トマンナヨ)	62
真っ直ぐ行くとあるよ	쭉 가면 있어요	(チュッ カミョン イッソヨ)	49
マンネかわいかった♡	막내 귀여웠어요♡	(マンネ クィヨウォッソヨ)	132
マンネのオタク~	막내 덕후네요~	(マンネ トクネヨ)	132
マンネの新曲です	막내의 신곡이에요	(マンネエ シンゴギエヨ)	108
道の向かい側にあります	길 건너편에 있어요	(キル コンノピョネ イッソヨ)	45
見つけた?	찾았어요?	(チャジャッソヨ)	48
身分証を見せてください	신분증 보여 주세요	(シンブンチュン ボヨ ジュセヨ)	46
ミョンダンに行ってきたよ	명단에 갔다 왔어요	(ミョンダネ カッタ ワッソヨ)	63
みんなは歌いますか?	모두 같이 불러요?	(モドゥ カッチ プルロヨ)	108
ムカつく!!	빡쳐요 !!	(パクチョヨ)	60
胸キュンだよ❤	심쿵해❤	(シムクンヘ)	57
目の保養だね♡	안구정화♡	(アングジョンファ)	122
メンタル崩壊~	멘붕이야~	(メンブンイヤ)	92
もう一度、言ってください	다시 한번 말해 주세요	(タシハンボン マレジュセヨ)	46
もう寝るね	이제 자요	(イジェ チャヨ)	133
もちろん!	물론이죠 !	(ムルロニジョ)	57,108
もちろん!!	네 좋아요 !!	(ネ チョアヨ)	78
もちろん…癒し系!	물론…훈남 !	(ムルロン…フンナム)	126
もちろん、また行きます~	물론 또 갈게요~	(ムルロン ット カルッケヨ)	73

や

やったー!!	앗싸 !!	(アッサ)	109
ヤバい!!	대박 !!	(テーバック)	88
予定がいっぱいだよ~	예정이 꽉 찼어요~	(イェジョンイ クヮック チャッソヨ)	60
よろこんで	좋아요 !	(チョアヨ)	28

ら

来月コンサートに来ます	다음달 콘서트 올게요	(タウムダル コンソトゥ オルッケヨ)	109
領収書です	영수증입니다	(ヨンスジュンイムニダ)	28
連絡するよ!	연락할게	(ヨンラカルッケ)	62

わ

わかりません	몰라요	(モルラヨ)	21
私、1番!	저는 일번!	(チョヌン イルボン)	64
私、22番!	저는 이십이번	(チョヌン イシビボン)	64
www	ㅋㅋㅋ	(ククク)	116
笑えるけど悲しいわ	웃픈	(ウップン)	122

※会話の流れで登場する言葉なので詳細は各ページをチェック!

チョ・ヒチョル

東海大学国際教育センター教授。
専門は韓国語教育。
「本気で学ぶ韓国語(ベレ出版)」、
「1時間でハングルが読めるようになる本」
「1日でハングルが書けるようになる本」
(ともに学研プラス)など著書多数。

STAFF
編集・文 玉置晴子
イラスト えるたま
アートディレクション
江原レン (mashroom design)
デザイン
佐藤安那、濱口七海 (mashroom design)

고마워요~

読める、話せる、理解できる おっかけハングル

2016年7月22日 第1刷発行

著 者	チョ・ヒチョル
発行人	蓮見清一
発行所	株式会社宝島社
	〒102-8388
	東京都千代田区一番町25番地
	編集:03-3239-0926
	営業:03-3234-4621
	http://tkj.jp
	振替:00170-1-170829 (株)宝島社
印刷・製本	株式会社光邦

本書の無断転載・複製を禁じます。
乱丁・落丁本はお取り替えいたします。

©Cho Heechul 2016 Printed in Japan
ISBN978-4-8002-5722-2